厚生労働省認定教材	
認定番号	第59132号
認定年月日	平成24年2月3日
改定承認年月日	令和5年1月25日
訓練の種類	普通職業訓練
訓練課程名	普通課程

四訂

建築概論

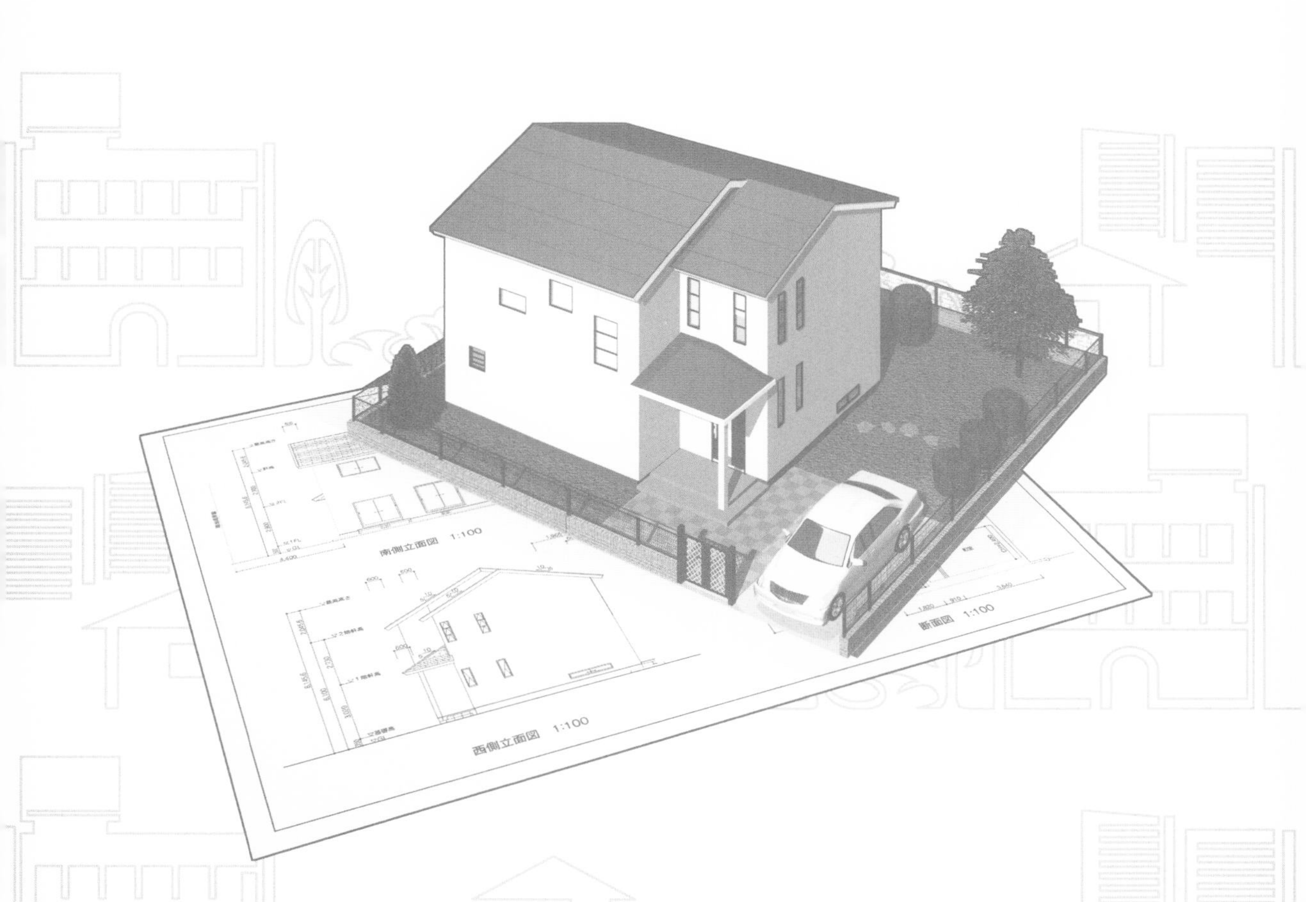

独立行政法人 高齢・障害・求職者雇用支援機構
職業能力開発総合大学校 基盤整備センター 編

は　し　が　き

本書は職業能力開発促進法に定める普通職業訓練に関する基準に準拠し，「建築施工」系基礎学科「建築概論」のための教科書として作成したものです。

作成に当たっては，内容の記述をできるだけ平易にし，専門知識を系統的に学習できるように構成してあります。

本書は職業能力開発施設での教材としての活用や，さらに広く建築分野の知識・技能の習得を志す人々にも活用していただければ幸いです。

なお，本書は次の方々のご協力により作成したもので，その労に対して深く謝意を表します。

＜監修委員＞

山　﨑　尚　志　　職業能力開発総合大学校

和　田　浩　一　　職業能力開発総合大学校

＜改定執筆委員＞

橋　本　幸　博　　職業能力開発総合大学校

和　知　直　哉　　東京都産業労働局雇用就業部能力開発課

（委員名は五十音順，所属は執筆当時のものです）

令和５年３月

独立行政法人 高齢・障害・求職者雇用支援機構

職業能力開発総合大学校 基盤整備センター

目　　　次

第1章　建築の概論

第2章　建築物の種類

第3章　建　築　史

第1章

建築の概論

第1節　建築を学ぶために

1．1　建築とは

これから建築を学ぶに先立って，建築とは何かについて考えてみよう。

建築基準法では，「建築」をつくるためのルールを定めており，建築物，敷地，構造，設備及び用途など最低限の基準を規定している。

建築物とは，土地に定着した工作物のうち，屋根及び柱もしくは壁があるものをいう。そのため，道路，ダム，トンネル，橋梁，上下水道などの構造物は，土木構造物として扱い，建築物とは区別する。また，船舶や航空機は，その内部で一定期間居住することがあるが，土地に定着していないので，同様に建築物としては扱わない。一方，ギリシャのパルテノン神殿のような遺構は，かつては列柱の上に屋根がかかり，内部を宗教行為に使用していたので，建築物である。

また，「建築」という言葉は，建築物だけでなく，建築物をつくる行為にも用いる。

私たちは，これから「建築」という行為と「建築物」を含めた建築について学ぶことにしよう。

1．2　建築の役割

建築は，用途別に住宅と非住宅に大別される。さらに住宅は日常生活に利用する建築で，戸建て住宅と集合住宅（共同住宅）に分類される。非住宅には，教育のために利用する学校，業務に利用するオフィスビル，医療のために利用する病院，宿泊・宴会に利用するホテル・旅館，製品の生産・製造に利用する工場，店舗などから構成される商業施設などがある。店舗と住宅を兼用する建築，商業施設と集合住宅が併設されている建築など，複合的な用途の建築もある。建築は，用途によって要求される内容が異なるので，用途に応じた計画・設計を行う。建築の用途による種類については，第２章で学ぶ。

建築は，集合して農漁村や町，都市を形成している。そのため，建築は視覚的に都市景観を構成する１つの要素となっている。建築が新たに１棟完成すると，都市の景観が変化する。大規模な再開発が完成して，複数の建築ができると，人口が増加し，人の流れが変わり，経済活動が発展する。建築をつくるということは，周囲の環境に影響を与える。

1．3　建築の学習分野

建築を学ぶときに，どのような学習分野があるかを見てみよう。

まず，建築計画・建築設計という分野がある。これは，周囲の環境を含む建築の全体像を考えて基本計画を行い，基本計画に従って，具体的に建築の詳細な設計を行うという分野である。建築史も建築計画に包含され，建築計画や建築設計の参考になるような時代別・地域別の建築の歴史を学ぶ。

次に，建築環境工学・建築設備という分野がある。建築環境工学は音・光・熱・空気の環境要素が建築の内部環境にどのような影響を与えるかを考える。また，建築設備は空気調和設備，給排水・衛生設備，電気設備，消火設備などを扱う。

建築構造という分野では，木造，組積造，鉄筋コンクリート造，鉄骨造などを扱い，それぞれの構造が建築の自重に耐えるだけでなく，風や地震への耐性を高めた建築を構造的に設計するにはどうすればよいかを学ぶ。

建築施工・建築生産という分野では，建築をどのように施工するか，建築の生産効率を高めるにはどうしたらよいかを学ぶ。工場であらかじめ部材を生産したり，建築現場で部材を組み立てたりして，現場での生産効率を向上させる方法について考える。また，木材，鋼材，コンクリート，ガラスなどの建築材料の種類と性質についても扱う。

第２節　環境と建築

2．1　建築をめぐる諸要素

建築は，一般に砂漠のような場所に孤立して単体で存在しているわけではなく，ある環境の中に集合して存在する。環境とは，人間を取り巻く外部の諸条件のことである。環境には，自然環境と社会環境があり，以下のような要素から構成されている。

①　自然的要素＝自然環境

〇気候・風土

〇生態系

〇地形・地質・地震

〇気象（気温・湿度・日照・日射・降水・風など）

②　社会的要素＝社会環境

〇政治・経済・法律・教育・文化

〇技術・建築材料・社会基盤施設（インフラ）など

〇地域社会・都市形態

例えば，ある建築を東京という日本の温帯地域の地震国の大都市に建てようとすると，台風や地震に耐えなくてはならないし，建設するときに建築基準法などの日本の法律の制約を受ける。また，道路や公共交通機関へのアクセスのしやすさによって利便性が変化する。

2．2　敷　　地

建築は，特定の土地に定着して建っている。すなわち，建築は敷地の状況に依存して，特性や価値が決定される。軟弱地盤に建つ建築より，岩盤の上に建つ建築の方が地震のときに安全であり，平地に密集して建つ建築より，見晴らしのいい高台に建つ建築の方が価値が高くなる傾向にある。駅から遠い住宅より，駅に近い住宅の方が便利である。全く同じ建築であっても，それが建っている敷地によって不動産価値が変わる。敷地の条件としては，以下の条件が考えられる。

〇都市部／郊外／農村などの地域特性

〇道路条件

〇地盤・地質

〇敷地面積

〇公共交通機関へのアクセス

都市計画法第８条では，都市計画区域において地域の特性を指定する**用途地域**を規定していて，表１－１のように13種類の用途地域を定めている。用途地域の種類によって，建築できる建物の用途が制約を受ける。また，容積率，建ぺい率を定めることにより，敷地内の建物の形態について制限している。**容積率**とは，建物の延べ床面積（各階の床面積の合計）の敷地面積に対する割合であり，**建ぺい率**とは，建築面積の敷地面積に対する割合のことである。

表１－１　用途地域

用途地域の種類		目　　的
住居系	第一種低層住居専用地域	低層住宅に係る良好な住居の環境を保護
	第二種低層住居専用地域	主として低層住宅に係る良好な住居の環境を保護
	第一種中高層住居専用地域	中高層住宅に係る良好な住居の環境を保護
	第二種中高層住居専用地域	主として中高層住宅に係る良好な住居の環境を保護
	第一種住居地域	住居の環境を保護
	第二種住居地域	主として住居の環境を保護
	準住居地域	道路の沿道としての地域の特性にふさわしい業務の利便の増進を図りつつ，これと調和した住居の環境を保護
	田園住居地域	農業の利便の増進を図りつつ，これと調和した低層住宅に係る良好な住居の環境を保護
商業系	近隣商業地域	近隣の住宅地の住民に対する日用品の供給を行うことを主たる内容とする商業その他の業務の利便を増進
	商業地域	主として商業その他の業務の利便を増進
工業系	準工業地域	主として環境の悪化をもたらすおそれのない工業の利便を増進
	工業地域	主として工業の利便を増進
	工業専用地域	工業の利便を増進

2．3　気候と建築

気象とは，大気の状態をいう。**気象要素**とは，気象を決定する気温，湿度，風，雨などの要素をいう。**天気**とは，ある時刻における気温，湿度，風，雲量，視程，雨，雪，雷などの気象に関係する要素を総合した大気の状態をいう。**気候**とは，ある地域における年間の気象要素の平均的な傾向をいう。

建築のありかたは，その土地の気候に支配される。例えば，降水量の多い気候であれば，雨水排水のために屋根の勾配を大きくしなくてはならないが，降水量が少ない気候であれば，屋根は平らでもよい。積雪量が多い気候であれば，積雪荷重に耐えるために屋根の強度を高めなくてはならないし，寒冷地であれば断熱性能や気密性能を高めて，省エネルギー性能と熱的快適性を高める必要がある。

日本は，ほとんどの地域が温帯に属しているが，北海道は冷帯，小笠原諸島や沖縄諸島は亜熱帯に属している。図１－１に，日本の気候区分を示す。気候区分は，建築のあり方に差異を与える。北海道は寒冷地なので，住宅の断熱性能をほかの地域より強化する必要があり，日本海側では積雪量が多いので，建物の屋根の強度を高め，屋根の勾配を急にする必要がある。

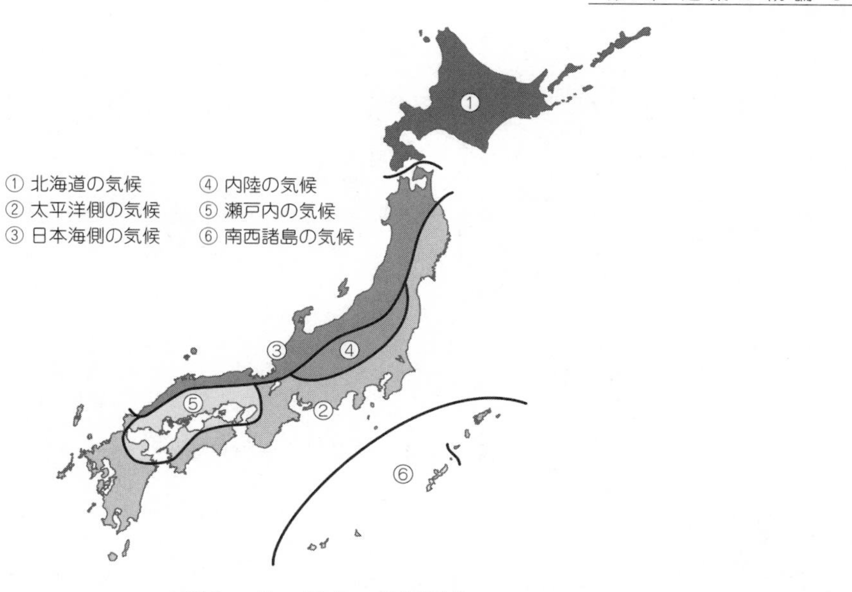

図1－1　日本の気候区分

(1) 気　温

気温は大気の温度である。日射の影響を受けないように，芝生などの上に設置された百葉箱の内部の温度計で気温を測定する。図１－２に，日本各地の気温と湿度の年変化を示す。気温は，緯度，標高，沿岸・内陸，土地の被覆状態，地形などによって差が生じる。また，気温は日変化，年変化があり，時間帯，季節，気圧配置，日射量などによって変化する。一日の最高気温と最低気温の差を**日較差**という。図１－３に，東京の１月と８月の代表日の気温と湿度の変化を示す。

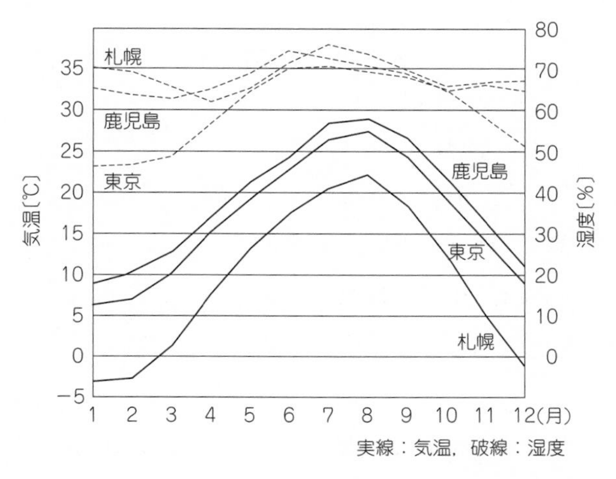

図1－2　気温，湿度の年変化（札幌，東京，鹿児島）

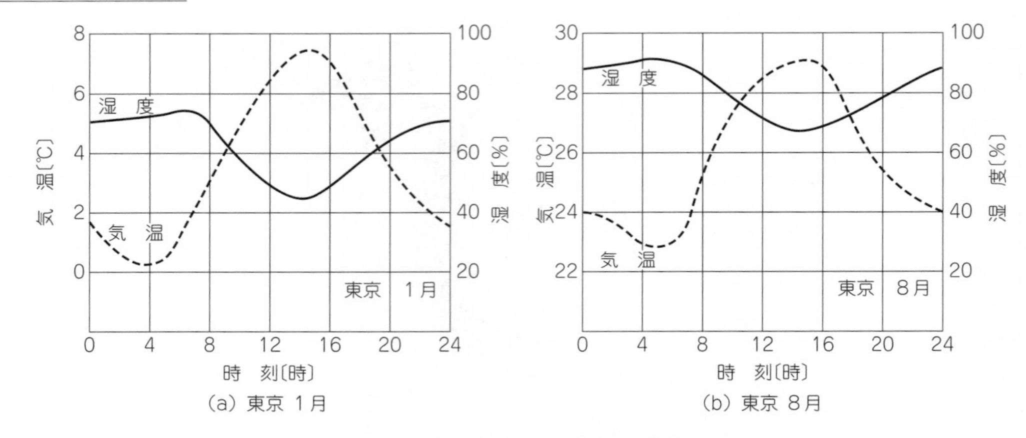

(a) 東京 1月　(b) 東京 8月

図1－3　気温，湿度の日変化

(2) 湿　度

湿度（相対湿度）は，空気中に含まれる水蒸気量とその気温における最大水蒸気量（飽和水蒸気量）の百分率である。気温が高くなるほど，空気に含むことができる最大水蒸気量（飽和水蒸気量）は増加する。

図1－4に日本各地の**クリモグラフ**を示す。クリモグラフは，縦軸に気温，横軸に湿度を示すグラフで，各月の平均気温，平均湿度を12点プロットして線でつなぐことで，地域の気候の特徴を比較することができる。

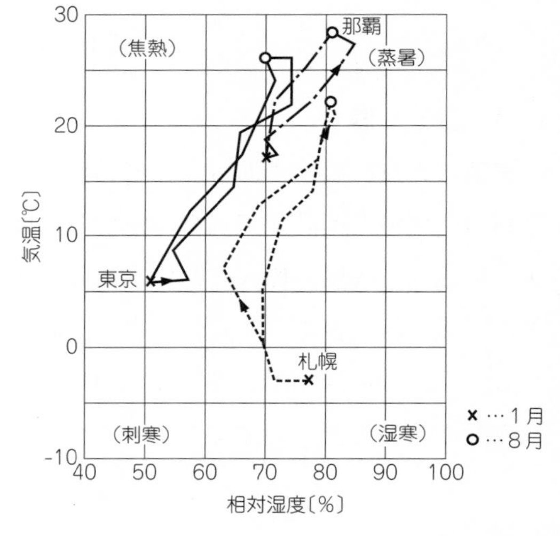

図1－4　クリモグラフ（札幌，東京，那覇）

図1－4のクリモグラフから，以下のことがわかる。

① 東京の気温の年変化は，那覇より大きく，札幌より小さい。

② 札幌の1月の湿度は，東京・那覇の湿度より高い。

③ 東京の湿度の年変化は，札幌・那覇より大きい。

④ 那覇の温度の年変化は小さく，湿度は年間を通じて高い。

(3) 降　水

日本の平均年間降水量は1718mmで，世界平均降水量の807mmと比較して多い。降水は，梅雨と台風の時期に集中している。降水量の分布は，一般に北に行くほど少なくなり，南に行くほど多くなる。日本海側の地域では，冬季の積雪量が多い。日本の年間降水量分布を図１－５に示す。

日本は降水量が多い気候なので，建築には防水・防湿・雨水排水の考慮が必要になる。積雪量の多い地域では，屋根勾配の大きさや屋根の積雪荷重に対する強度が求められる。

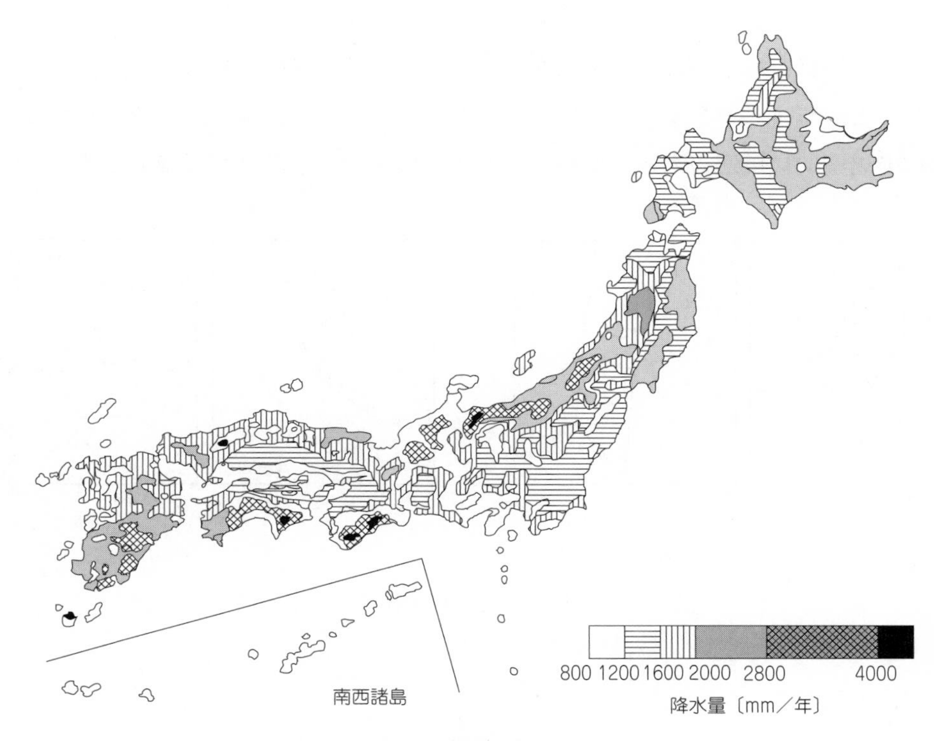

図１－５　年間降水量の分布

（4）　風

風は，高気圧から低気圧に向かって吹く。風速・風向は時々刻々変化しているので，一般的には時間平均の風速で示す。

図１－６に東京と大阪の**風配図**を示す。これは，ある地域における風向の頻度を方位ごとに示したものである。日本では，夏は太平洋高気圧とシベリア低気圧という夏型の気圧配置によって，南～南東風が高い頻度で吹き，冬はシベリア高気圧と太平洋低気圧という冬型の気圧配置によって，北～北西風が高い頻度で吹く。これを**季節風**または**卓越風**という。

高さ方向の風速分布は，地表付近では地表との摩擦によって風速が小さく，上層ほど大きくなる。また，標高の高い土地や海岸付近では，障害物が少ないことから，低地や内陸と比較すると，一般に風速は大きい。

台風は太平洋上で発生した熱帯性低気圧が発達して，大きな渦を伴うものである。台風は，夏から秋にかけて発生し，暴風と豪雨を伴って，日本列島を襲う。温帯低気圧は，北側の寒気と南側の暖気の境界で発生する低気圧で，前線を伴っている。温帯低気圧の通過に伴って強風が吹くことがある。そのため，建築には風荷重を考慮した設計が必要である。

住宅の夏の通風を考慮すると，南北面に開口を設けて，夏の卓越風が通るような平面計画をすることが望ましい。また，高層ビルなどの建設によって風の通り道が塞がれて，ビルの周辺で局所的に風速の大きい風が吹くビル風に留意した計画が必要である。

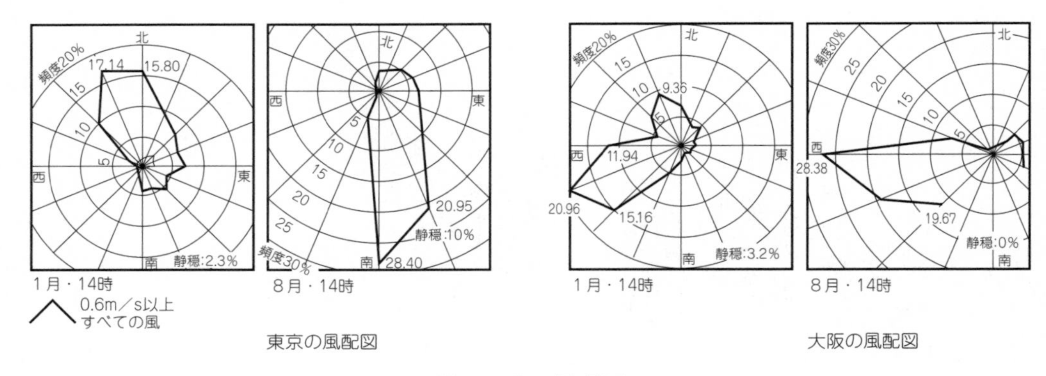

図1－6　風配図

(5)　日照・日射

太陽放射は，0.3μmから5.0μmの範囲の波長の電磁波であり，主に紫外線・可視光線・赤外線に分類される。紫外線は，0.38μmより波長が短い電磁波で，可視光線は0.38～0.78μmの電磁波で，赤外線は0.78μmより波長が長い電磁波である。太陽放射で大気層を透過して直接地上に達するものを**直達日射**といい，大気層で空気分子や塵埃によって散乱してから地上に達するものを**散乱日射（天空日射）**という。

太陽放射の熱的側面を**日射**といい，直達日射が地表を照射することを**日照**という。日照がある時間を日照時間という。可視光線の照明利用を**採光**という。

日射の暖房利用や洗濯物の乾燥利用，日照時間の確保，採光は，特に住宅にとって重要な要素である。そのため，太陽の運行に伴って，建物の影の変化を予測することは重要である。図１－７に日影曲線を示す。これは，地上に垂直に立てた単位高さ ℓ の棒（O点）の先端が描く１日の軌跡を示した曲線である。日照時間を確保するためには，図１－８に示すように，太陽高度が最も低くなる冬至における日影曲線を基準にして，建物の間隔

（隣棟間隔）と高さを決定する。横軸は建物が建つ緯度，縦軸はd/h（建物間隔／建物の高さ）である。

図１－９に室内の日照範囲を示す。庇は雨除けの役割を果たすだけでなく，日照調節の役割も行う。夏は直達日射が室内に入るのを避け，冬は直達日射が室内に届くように庇の計画をする。

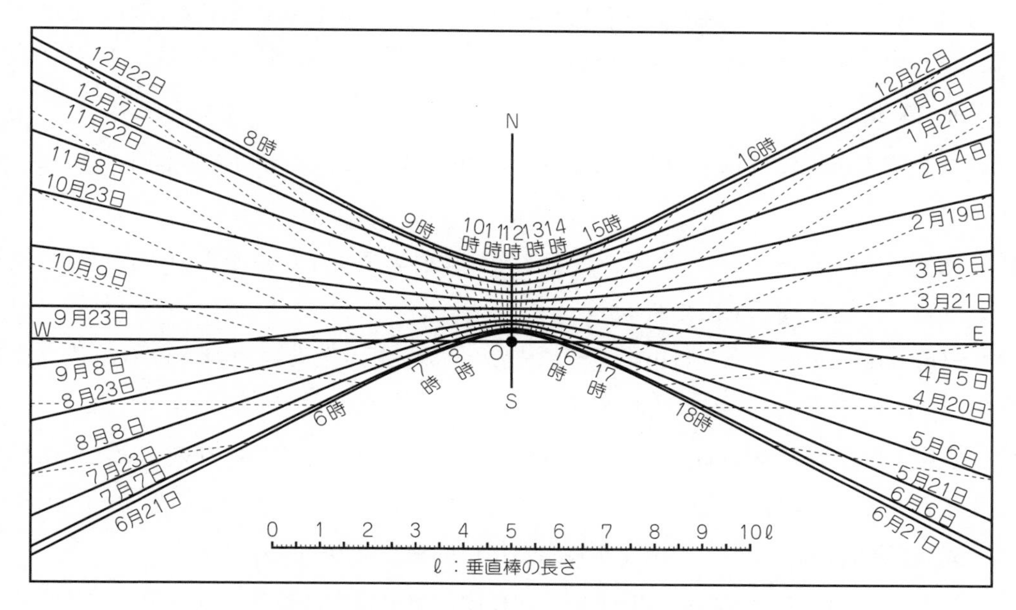

図１－７　年間の水平面日影曲線（北緯35°）

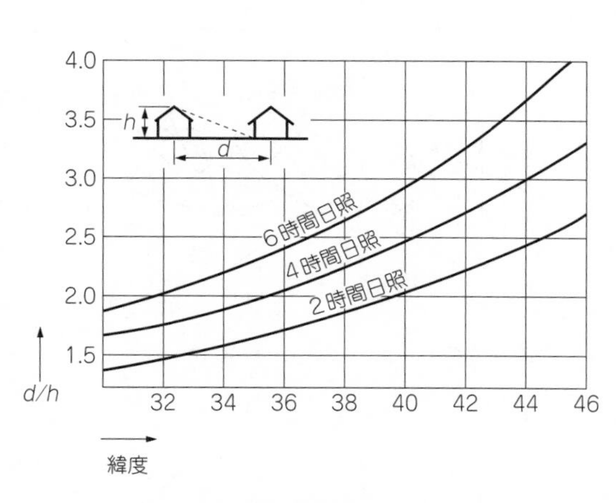

図１－８　前面障害物の高さと建物間隔

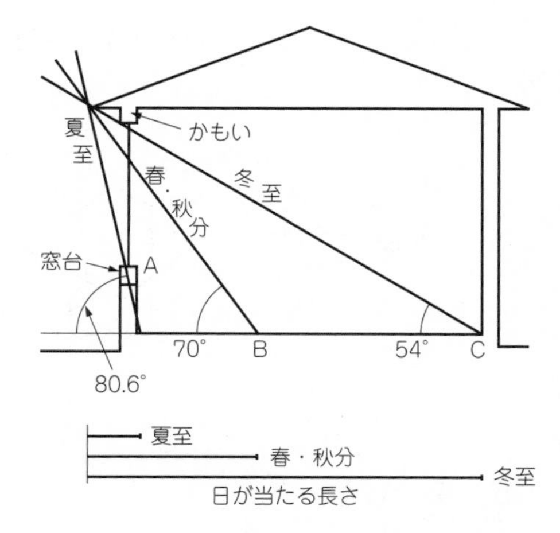

図１－９　太陽高度と庇の影との関係

2．4 室内環境

人々が快適に室内で生活を送り，業務を効率的に行うためには，室内の光・音・温熱・空気環境に考慮しなくてはならない。外部環境の要素を取り入れたり，排除したりすることで，より快適な室内環境を形成することができる。また，それだけで不足する場合は，人工照明を使用したり，空調設備を利用したりして，人工的に室内環境を調整する必要がある。そこで，光・音・温熱・空気環境について考えてみよう。

(1) 光環境

光の量を測る単位には以下の5つがあり，目的によって使い分ける。図1－10にこれらを示す。

① **光束** [lm　ルーメン]：光源から出る光の放射エネルギー量を人の目の感度で補正した量で，光の基本単位である。

② **光度** [cd　カンデラ又はlm/sr]：点光源から特定の方向に放射される単位立体角（sr：ステラジアン）当たりの光束。

③ **照度** [lx　ルクス又はlm/m²]：受照面に入射する単位面積当たりの光束。机上面の明るさなど，光環境の評価として一般的に用いられる。

④ **光束発散度** [lm/m²]：光源面から出る単位面積当たりの光束。

⑤ **輝度** [cd/m²]：光源面から特定の方向に出る単位投影面積当たり，単位立体角当たりの光束。光源面を特定の方向から見たときの明るさの指標となる。人間の視覚の感じ方に近いため，テレビ画面や窓面の明るさなどに広く用いられている。

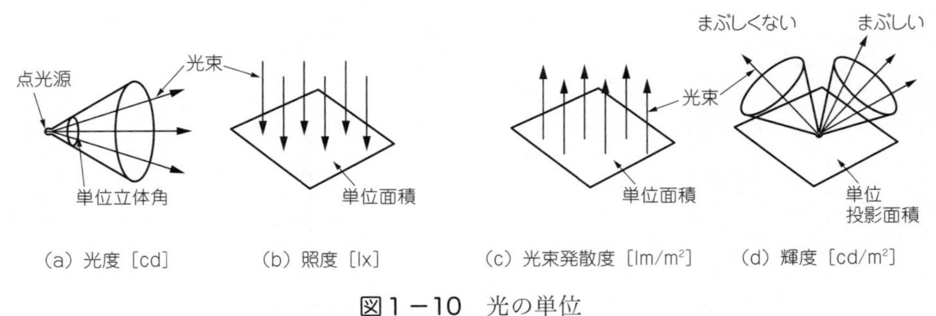

図1－10　光の単位

a．採　光

採光とは，太陽光を光源とする照明のことで，**昼光照明**ともいう。一般に使う照明とは人工光源による人工照明のことである。

昼光光源には，**直射光**と**天空光**がある。直射光は太陽を光源として，直接室内に照射するもので，日時・天候などによって変動があり，指向性が強いので，照明に利用するには適していない。天空光は，太陽光が雲やエアロゾルによって散乱した光線で，天空に均一に分布しているので，照明として用いるのに適している。

室内の照度は，屋外の昼光照度に依存して変化するので，採光計画では**昼光率**を用いる。

$$昼光率 = \frac{室内のある点の照度(E[lx])}{そのときの全天空照度(Es[lx])} \times 100[\%]$$

ここで，全天空照度とは，周囲に障害物のない屋外で測定した天空光だけの水平面照度である。

すなわち，昼光率は，室内のある点の照度と屋外の全天空光による水平面照度の百分率である。表１－２に採光設計の基準として用いる**基準昼光率**を示す。

採光は窓によって行われる。窓の位置・大きさ・種類・形状・ガラスの種類などによって，採光照度は変化するので，室の種類や目的によって，採光設計をしなくてはならない。また，室内の内装材料の反射率や色彩によって採光の効果を高めることができる。

表１－２　基準昼光率

段階	作業又は室の種別例	基準昼光率［%］	左の場合の室内照度［lx］		
			明るい日	普通の日	暗い日
1	時計修理・昼光のみの手術室	10	3000	1500	500
2	長時間の裁縫・精密製図・精密工作	5	1500	750	250
3	短時間の裁縫・長時間の読書・製図一般	3	900	450	150
4	読書・事務・診察一般・普通教室	2	600	300	100
5	会議・応接・講堂平均・体育館最低	1.5	450	225	75
6	短時間の読書（昼間）	1	300	150	50
7	ホテルロビー・住宅食堂・居間一般	0.7	210	105	35
8	廊下階段一般・小型貨物倉庫	0.5	150	75	25
9	大型貨物倉庫・住宅納戸・物置	0.2	60	30	10

b．照　　明

照明は，人工光源により明るさを得る方法で，採光または昼光照明に対して人工照明ともいう。人工光源には，白熱電球，蛍光灯，ナトリウムランプ，LEDなどがあるが，最近は消費電力が少ないことと光源寿命が長いことからLEDの普及が進んでいる。

照明計画では，場所と作業の種類に応じて，表１－３の照度基準のように必要な照度が定められている。また，室内の照度分布がなるべく均一であることが望ましく，照度の均一性のことを均斉度といい，最小照度と最大照度の比で表し，これが$\frac{1}{10}$以上であることが求められる。

表1－3　照度基準（住宅の例）

（JIS Z 9110－2010より作成）

照度[lx]	居間	書斎	子供室勉強室	応接室（洋間）	座敷	食堂	台所	寝室	家事室作業室	浴室脱衣室化粧室	便所	階段廊下	納戸物置	玄関（内側）	門玄関（外側）	車庫	庭
1000	手芸 裁縫								手芸 裁縫 ミシン								
750		勉強 読書	勉強 読書														
500	読書	VDT作業						読書 化粧	工作 VDT作業					鏡			
300						食卓	調理台 流し台			ひげそり 化粧 洗面							
200	団らん 娯楽		遊び コンピューターゲーム	テーブル ソファ 飾り棚	座卓 床の間				洗濯					靴脱ぎ 飾り棚			
100		全般	全般	全般	全般		全般		全般	全般				全般			パーティー 食事
75											全般						
50	全般					全般						全般				全般	
30													全般		表札・門標 新聞受け 押しボタン		テラス 全般
20								全般									
5															通路		通路
2								深夜				深夜			防犯		防犯

備　考　注1：それぞれの場所の用途に応じて全般照明と局部照明とを併用することが望ましい。
注2：居間，応接室及び寝室については調光を可能にすることが望ましい。

色の見え方による実際のものの再現性を**演色性**というが，これは光源の種類によって変わる。光の当たる方向によって陰影のでき方も変化するので，過度に指向性の強い光源配置にならないように注意する。

照明設計では，机上面照度を確保するだけでなく，光源や反射光が目にまぶしさ（これを**グレア**という）を与えないように調整をする必要がある。そのため，照明器具からの配光（光度分布）に留意して照明器具を選択しなくてはならない。図１－11に照明器具による照明方法を示す。照明器具を天井や壁の一部に組み込む**建築化照明**（ビルトインライティング）の方法もある。

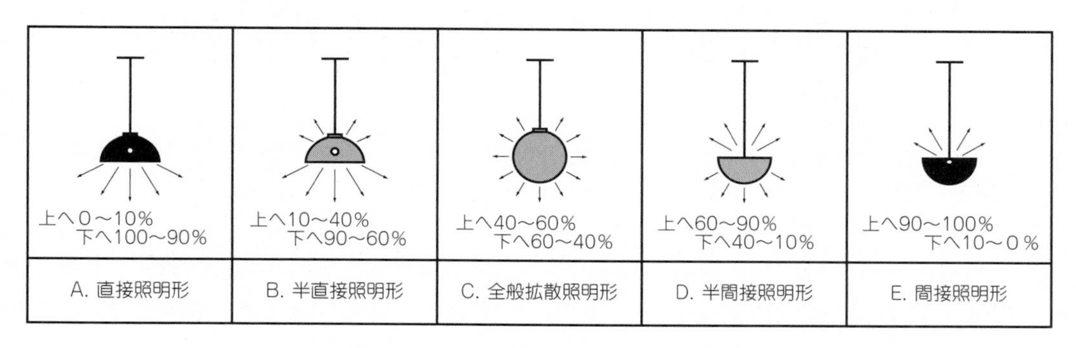

図１－11 照明器具による照明方法

c．色　彩

色彩は，光の視覚刺激によって生じる視覚の感覚である。これは目に入る光の波長成分によって変化する。視覚がとらえる色には，光源が発する**光源色**と物体などの反射や透過による光の**物体色**に分けられる。また，物体色には，不透明な表面で反射する**表面色**と，透明な物体を透過して得られる**透過色**がある。ここでは，表面色の性質について説明する。

色の表示方法として，色相・明度・彩度の３つの属性で示す。赤や青などの色合いのことを**色相**といい，色の明るさの度合いを**明度**，色の鮮やかさを**彩度**という。彩度が低くなると，無彩色となる。

色を表示する体系（表色系）にはさまざまな方法があるが，一般に**マンセル表色系**が使われる。図１－12に**マンセル色立体**を示す。色彩の３属性を基本として，縦軸に明度，水平軸に彩度，円周角に色相を表現している。図１－13に**マンセル色相環**を示す。これは，５主色相のR（赤）・Y（黄色）・G（緑）・B（青）・P（紫）をもとに，中間色を加えて100の色相を表したものである。

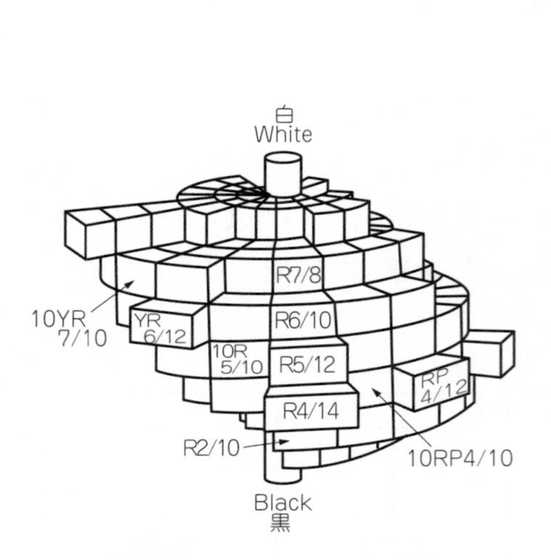

図1－12　マンセル色立体

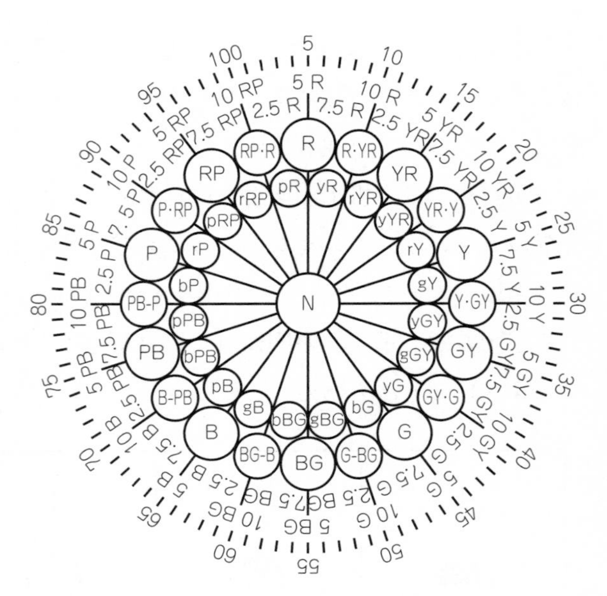

図1－13　マンセル色相環

この表色系による色の表示方法では，HV/C（H＝色相，V＝明度，C＝彩度）で記し，例えば5R4/14は純色の赤である。明度段階は，黒を０，白を10として，記号でN5などと示す。

その他の表色系としては，XYZ表色系，オストワルド表色系などがあり，最近では色の３原色の赤・緑・青を数値で表現するRGBカラーモデルも使用されている。

色相が反対の色を補色という。マンセル表色系では，赤／青緑のように心理的な補色であるが，オストワルド表色系やXYZ表色系では，物理的な補色であり，混ぜ合わせると無彩色になる色の組み合わせを示す。

建築の色彩設計をするときには，仕上げ材料の表面色と光源の種類によって，色の見え方（演色性）が異なることに注意しなくてはならない。同じ仕上げ材料でも，自然光とLEDの下では色が異なって見える。また，表面積や色の対比（コントラスト）によって，色彩感や室内の雰囲気は変化する。

色のカラーイメージや配色の方法によって，室内空間の暖かさ・涼しさ・明るさ・落着き・広がりなどの視覚による心理的効果を得ることができる。暖色と寒色は，色彩に暖かさと寒さを感じさせる色である。暖色は，赤・オレンジ色・黄色などであり，寒色は緑・青などの色である。このように，建物の形態に加えて，心理的に快適な色彩環境を形成するために，色彩の調整（カラー・コーディネーション）が重要である。

(2) 音環境

生活や作業に支障を及ぼすものに**騒音**がある。騒音とは不快な音をいい，主観的な要素が強いが，法令では客観的な基準が定められている。

一方，劇場やホールなどでは，用途に適した音響効果が得られるように，音響設計をする必要があり，これを**建築音響**という。

a．音の性質

音は，気体・液体・固体の振動によって空気の密度変化が発生して伝わる現象である。この密度変化の波動を**音波**という。空気中の音波の伝播速度は，常温で約340m/sである。音波の物理的性質は，**強さ・周波数・波形**によって決定される。しかし，人間の聴覚には特性があり，**音の大きさ・種類・音色**の３要素で知覚される。

音の強さは，音圧の２乗に比例する。音の物理量は，最小可聴量に対する比を常用対数で表示する方法で表示するが，これをレベル表示という。**音圧レベル**は，次のように表される。

音圧レベル　$L_P = 20\log_{10}(p/p_0)$ ［dB］

単位はdB（デシベル）である。最小可聴音圧は，$p_0 = 2 \times 10^{-5}$Paである。

人間の聴覚で捉えられる周波数範囲は20Hzから20kHz（20000Hz）であり，低周波数の音に対して鈍感になる。そこで，1kHzの純音と同じ大きさに聞こえる音圧レベルをラウドネスレベルという。図１－14に等ラウドネス曲線を示す。この曲線は，横軸に周波数，縦軸に音圧レベルを取ったものである。例えば，1kHzで50dBの純音と同じ大きさに聞こえる250Hzの純音は59dBということである。

逆に，人間の聴感度特性に合わせて，音圧レベルを減音補正したものを**A特性**といい，音圧レベルをA特性で補正したものを**騒音レベル**という。騒音レベルでは，聴感度特性に合わせて，低周波音を減音評価している。表１－４に騒音レベルの例を示す。

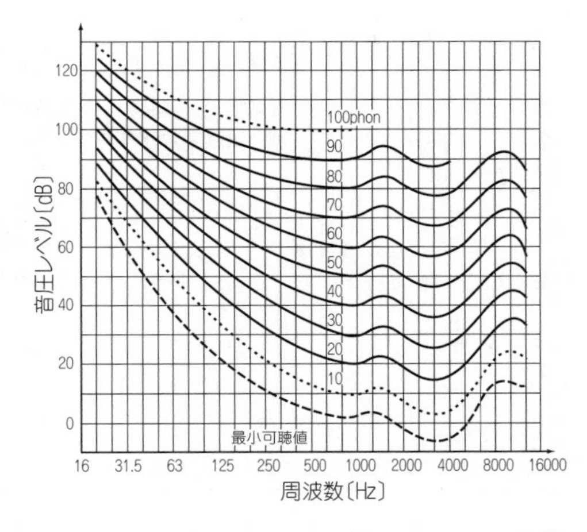

図１－14　音の大きさの等ラウドネス曲線

表1－4　騒音レベルの例

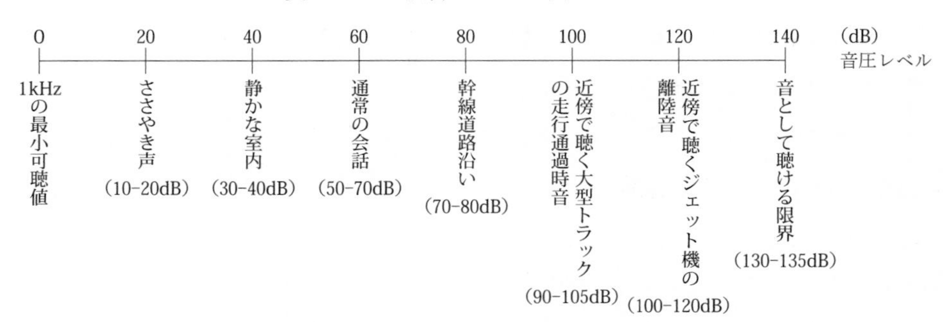

b．騒　　音

騒音には，外部から侵入する道路交通騒音や工場騒音，集合住宅の隣戸間の騒音など，様々なものがある。騒音の大きさは，音源のパワーレベル，音源との距離，音源の種類，周囲の建物の状況などに依存するが，ある程度の客観的な基準が必要である。表１－５は室内騒音の許容値である。また，環境基本法では，表１－６のように騒音の環境基準を定めている。

表1－5　室内騒音の許容値

dB (A)	20	25	30	35	40	45	50	55	60
NC－NR	10～15	15～20	20～25	25～30	30～35	35～40	40～45	45～50	50～55
うるささ	無音感――非常に静か――特に気にならない――騒音を感じる――騒音を無視できない								
会話・電話への影響	５m離れてささやき声が聞こえる――10m離れて会議可能 電話は支障なし――普通会話（３m以内） 電話は可能――大声会話（３m） 電話やや困難								
スタジオ	無響室	アナウンススタジオ	ラジオスタジオ	テレビスタジオ	主調整室	一般事務室			
集会・ホール		音楽堂	劇場（中）	舞台劇場	映画館・プラネタリウム		ホールロビー		
病院		聴力試験室	特別病室	手術室・病室	診察室	検査室	待合室		
ホテル・住宅				書斎	寝室・客室	宴会場	ロビー		
一般事務室				重役室・大会議室	応接室	小会議室	一般事務室		タイプ・計算機室
公共建物				公会堂	美術館・博物館	図書閲覧	公会堂兼体育館	屋内スポーツ施設（拡）	
学校・教会				音楽教室	講堂・礼拝堂	研究室・普通教室		廊下	
商業建物					音楽喫茶店 宝石店・美術品店	書籍店	一般商店 銀行・レストラン	食堂	

表1－6 騒音の環境基準 単位[dB]

地域の類型	基準値	
	昼間	夜間
AA	50以下	40以下
A及びB	55以下	45以下
C	60以下	50以下

注）1．時間の区分は昼間を午前6時から午後10時までの間とし，夜間を午後10時から翌日の午前6時までの間とする。
2．AAに該当する地域は，療養施設・社会福祉施設などが集合して設置される地域など特に静穏を要する地域
3．Aに該当する地域は，専ら住居の用に供される地域
4．Bに該当する地域は，主として住居の用に供される地域
5．Cに該当する地域は，相当数の住居と併せて商業・工業などの用に供される地域

c．遮 音

集合住宅における隣戸間の騒音問題では，壁や床を通じて音や振動が伝わりやすいことが原因となっている。壁・床・天井を介して音が伝わることを防ぐことを**遮音**という。建築基準法（第30条2項）に界壁の遮音構造が定められている。

遮音性能を向上させるためには，開口部を少なくしたり，壁や床などを**遮音材料**（密度の大きい材料）や遮音構造（多重構造・多層構造）にしたりすることが有効である。

遮音性能の評価基準として，図1－15に室間音圧レベル差に関する遮音等級を，図1－16に床衝撃音レベルに関する遮音等級を示す。

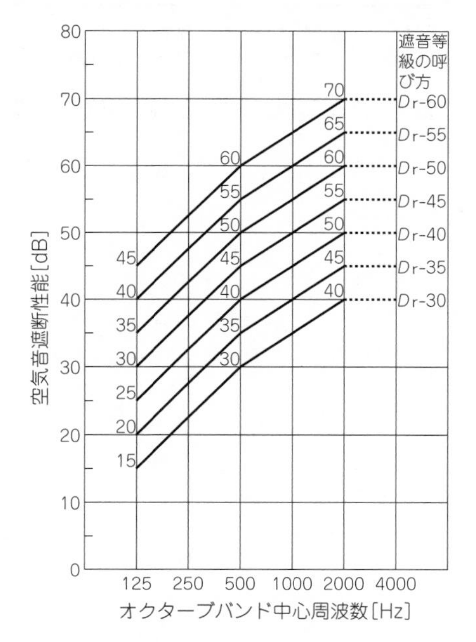

図1－15 室間音圧レベル差に関する遮音等級 (JIS A 1419-1：2000)

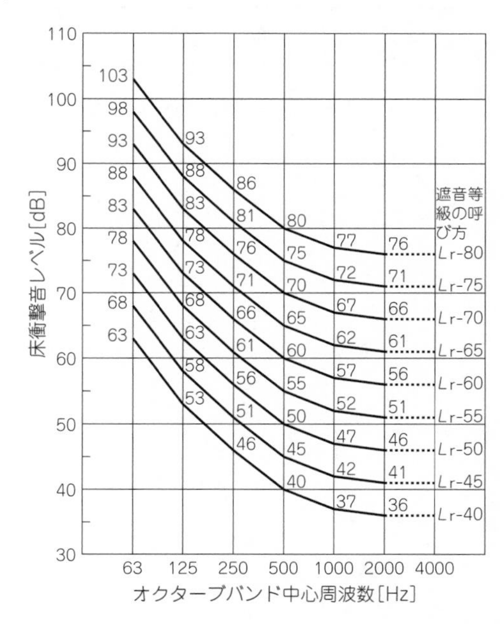

図1－16 床衝撃音レベルに関する遮音等級 (JIS A 1419-2：2000)

室間音圧レベル差とは，図１－17のように，隣り合う室間における遮音性能を示すもので，音源室と受音室の音圧レベル差（D）で評価する。そのため，Dの値が大きいほど，遮音性能が高いことを意味している。

床衝撃音レベルは，図１－18のように上下階の衝撃音に対する遮音性能を示すもので，下階で測定される音圧レベル（L）で評価する。そのため，Lの値が小さいほど，遮音性能が高いことを意味している。床衝撃音の種類としては，子供の飛び跳ねによる衝撃を対象とする重量床衝撃音と，スプーンなどの落下やスリッパによる足音を対象とする軽量床衝撃音がある。

表１－７に建築物の室用途と部位における適用等級を示す。

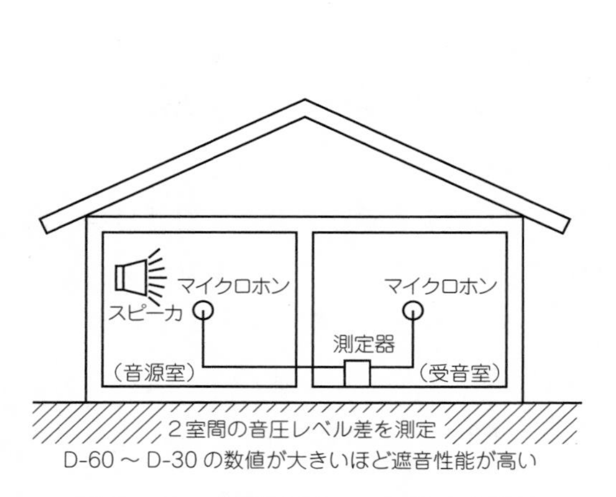

図１－17　室間音圧レベル差遮音等級

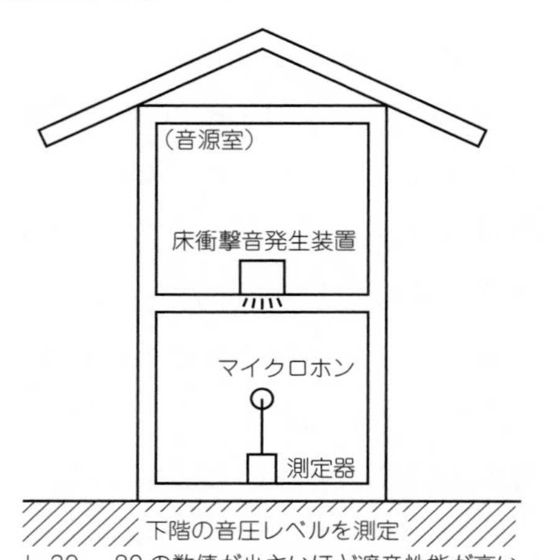

図１－18　床衝撃音レベルの遮音等級

表1－7　遮音性能の適用等級

	室間平均音圧レベル差に関する適用等級					
建築物	室用途	部位	遮音性能と適用等級			
			特級	1級	2級	3級
集合住宅	居室	隣戸間界壁・界床	Dr-55	Dr-50	Dr-45	Dr-40
ホテル	客室	客室間界壁・界床	Dr-55	Dr-50	Dr-45	Dr-40
学校	普通教室	室間界壁・界床	Dr-45	Dr-40	Dr-35	Dr-30
事務所	業務上プライバシーを要求される室	室間界壁・界床	Dr-50	Dr-45	Dr-40	Dr-35

	床衝撃音レベルに関する適用等級						
建築物	室用途	部位		遮音性能と適用等級			
				特級	1級	2級	3級
集合住宅	居室	隣戸間界床	重量床衝撃音	Lr-45	Lr-50	Lr-55	Lr-60, Lr-65*
			軽量床衝撃音	Lr-40	Lr-45	Lr-55	Lr-60
ホテル	客室	客室間界床	重量床衝撃音	Lr-45	Lr-50	Lr-55	Lr-60
			軽量床衝撃音	Lr-40	Lr-45	Lr-50	Lr-55
学校	普通教室	教室間界床	重量床衝撃音	Lr-50	Lr-55	Lr-60	Lr-65
			軽量床衝撃音				

*木造，軽量鉄骨造またはこれに類する構造の集合住宅に適用する。

d．吸　音

吸音とは，壁面に入射する音のエネルギーの反射を抑制して，室内の音圧レベルを低下させることである。材料の**吸音率**は，吸収した音のエネルギーと透過した音のエネルギーの和を入射した音のエネルギーで除した数値である。つまり，反射しない音のエネルギーの割合を示している。例えば，窓ガラスは表面が硬質なので吸音率は非常に小さいが，窓を開けると音の反射はしないので，吸音率は1になる。図1－19に吸音と遮音の関係を示す。グラスウールなどの多孔質材料は吸音性能が高いので，**吸音材料**と呼ばれる。

機械室などで発生する騒音を防ぐためには，騒音源からの音のエネルギーを遮音するだけでなく，壁面を吸音処理することで，騒音を減衰させることも必要である。

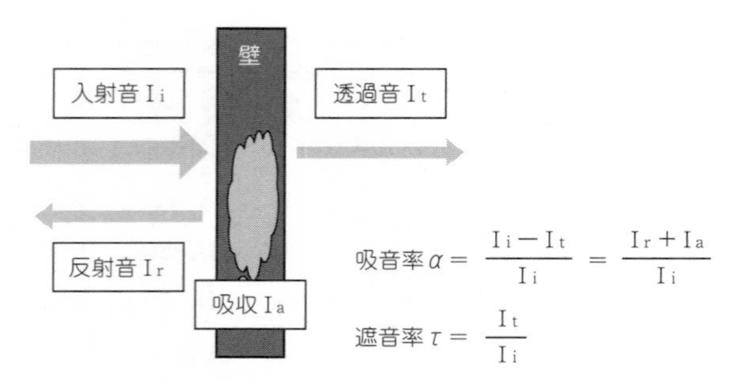

図1－19　吸音と遮音の関係

e．室内音響

劇場・ホール・教室などでは，音楽が美しく響くことや音声が明瞭に聞こえることが要求される。そこで，室内形状や内装材料を適切に設計する必要がある。

室内では，音源から出た音が在室者に直接伝わる直接音のほかに，天井・壁・床面で反射した音が伝わる反射音が存在している。そのため，図１－20に示すように，室内の音源を停止した後でも，しばらくは音が残存する。この現象を**残響**という。図１－20に示すように，音源を停止した後，音圧レベルが60dB低下するのに要する時間を**残響時間**という。残響時間の計算式の一つにセイビンの式がある。

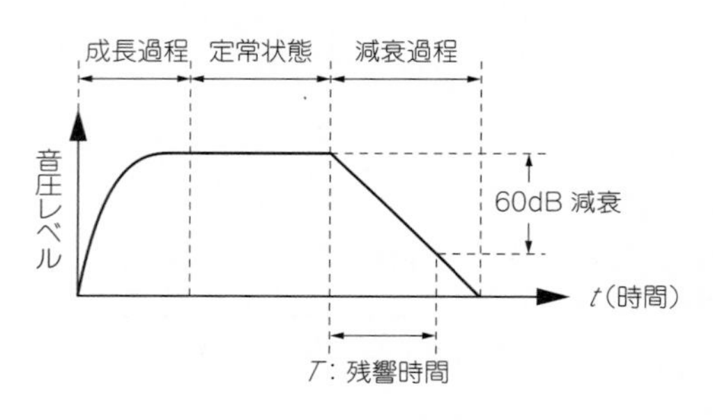

図1－20　残響時間

セイビンの式　$T = \frac{0.16V}{S\alpha}$ [s]

T：残響時間[s]　　V：室容積[m³]

S：室内全表面積[m²]　　α：平均吸音率[－]

残響時間は，室の大きさ，室の形状，壁面の種類などで変化する。音声の明瞭度や音楽の余韻など，室用途の目的によって適する残響時間は異なる。一般に，会議室や教室では1.0から1.5秒，音楽ホールでは1.5～2.5秒程度が最適な残響時間である。

また，直接音と反射音が分離して聞こえることを**エコー**という。直接音から$\frac{1}{20}$秒以上遅れて到達する反射音は，音声の明瞭度を阻害したり，音楽の演奏を妨害したりすることになる。これを防止するために，直接音と反射音の行程差が約17m（音が$\frac{1}{20}$秒で伝わる距離）以下になるように，反射面の向きや吸音面の調整をしなくてはならない。

（3） 温熱環境

a．温熱要素

室内で人間が感じる温熱感は，気温・相対湿度・気流速度・周囲面の放射温度によって影響を受ける。これらを**温熱4要素**という。このほかに，人体の着衣量と代謝量（発熱量）が温熱感に影響を与える。

図1－21に，人体と周囲環境の間の熱授受を示す。人体は，食物摂取によって代謝を起こして発熱を起こし，この熱が，床などの固体面と接触することで熱伝導による熱移動，周囲の空気との対流熱伝達によって熱移動，周壁面との間で放射による熱移動，人体表面からの発汗の蒸発による熱移動を起こす。そこで，人体の代謝量（発熱量）と人体からの放熱量が平衡状態になるように，室内の温熱環境を調整する必要がある。代謝量と放熱量が平衡状態にある場合は，蓄熱量は0であり，体温は一定であるが，平衡状態にない場合は，蓄熱量がプラスのとき体温は上昇し，蓄熱量がマイナスのときは体温が低下する。

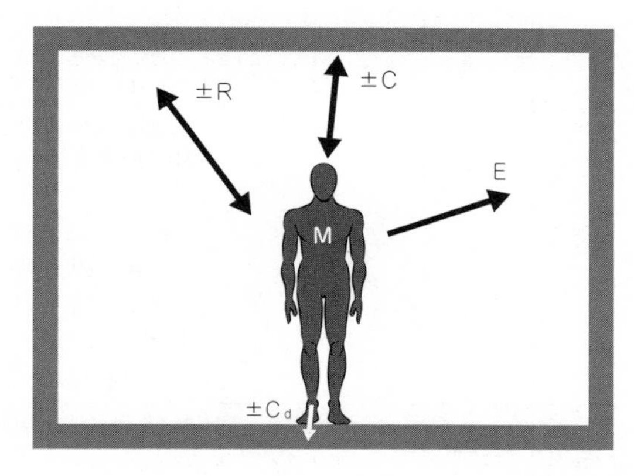

$$M = \pm C_d \pm C \pm R + E \pm S$$

M　：人体の代謝量
C_d　：熱伝導による熱移動
C　：対流による熱移動
R　：放射による熱移動
E　：水分蒸発による熱移動
S　：人体の蓄熱量

図1－21　人体と周囲環境との熱授受

人体の温熱感を評価する方法として，表1－8に示すような温熱指標があり，目的に応じて使用する。

① **有効温度**（ET）：ある気温，相対湿度，気流速度の室と同じ温熱感を感じる相対湿度100％，気流速度0m/sの室の気温。

② **修正有効温度**（CET）：有効温度に周壁の放射温度を加えたもの。

③ **新有効温度**（ET＊　イー・ティー・スター）：気温・相対湿度・気流速度をもとに，同じ発汗状態，同じ平均皮膚温度になるときの相対湿度50％，気流速度0m/sの気温。

④ **標準新有効温度**（SET＊　エス・イー・ティー・スター）：新有効温度に標準の着衣量を考慮したもの。

⑤　**予想平均温冷感申告**（PMV）：暑くも寒くもない熱的中立状態を０で示し，暑さに応じてプラスの値，寒さに応じてマイナスの値で評価したもの。予想不満足者率（PPD）という指標を併用している。

⑥　**作用温度**（OT）：気温・気流速度・平均放射温度によって温熱感を評価したもの。

⑦　**不快指数**（DI）：不快指数＝0.72×（乾球温度＋湿球温度）＋40.6で計算した値。夏季の不快感を表す指標として用いられる。75以上でやや暑い，85以上で暑くてたまらない状態である。

⑧　**暑さ指数**（WBGT）：熱中症リスクの指標として用いられる。気温・相対湿度・放射温度（グローブ温度）から求めた指標で，28以上になると熱中症患者が著しく増加する。

表１－８　温熱指標とその構成要素

温熱指標	気温	相対湿度	気流速度	放射温度	着衣量	代謝量	概　要
有効温度：ET	○	○	○				気流速度0m/s，相対湿度100％の環境と同等の温冷感の評価
修正有効温度：CET	○	○	○	○			熱放射を考慮した有効温度
新有効温度：ET＊	○	○	○	○	○	○	気流速度0m/s，相対湿度50％の環境と同等の温冷感の評価
標準新有効温度：SET＊	○	○	○	○	○	○	着衣量・代謝量を標準にとったときの新有効温度
予想平均温冷感申告：PMV	○	○	○	○	○	○	多数の人が感じる温冷感の平均値
作用温度：OT	○		○	○			放射の影響を考慮した評価
不快指数：DI	○	○					夏季の不快感を評価
暑さ指数：WBGT	○	○		○			熱中症のリスクを評価

b．湿度と結露

湿度は，空気中の水蒸気量を意味し，湿度が高いと温熱感として不快感を覚えることが多いだけでなく，結露を生じて，カビの発生や建築材料の腐食をもたらす。

建物の気密性能を高めるとき，室内で発生する水蒸気の排気や調湿，外部からの湿気の侵入防止が必要になる。

結露とは，冬期の窓ガラスに露が付く現象のように，室内の空気が冷えた壁体表面に触れて**露点温度**以下になったときに発生する。露点温度とは，空気が冷却されて飽和状態になるときの温度である。室内の壁表面などに発生するのが**表面結露**である，壁体内部の建築材料の表面に発生するのが**内部結露**である。

図１－22に冬期の壁体断面の熱移動を示す。熱移動は，高温側の室内から低温側の室外へ対流熱伝達と熱伝導を伴って起こる。この熱移動を**熱貫流**という。この熱貫流は，冬期には熱損失による暖房負荷を発生させ，室内側壁面温度の低下によって結露を生じさせる。これを緩和するために，壁体の断熱が必要である。断熱のために用いる建築材料を断熱材といい，**熱伝導率**が0.1W/(m･K) 以下の材料をいう。図１－23に示すように建物の断熱工法としては，壁体の外部に断熱を施工する外断熱工法と，壁体の内部に断熱を施工する内断熱工法がある。

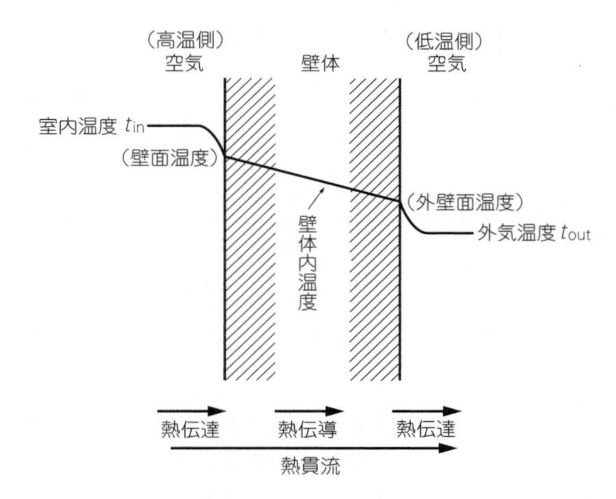

図１－22　熱貫流

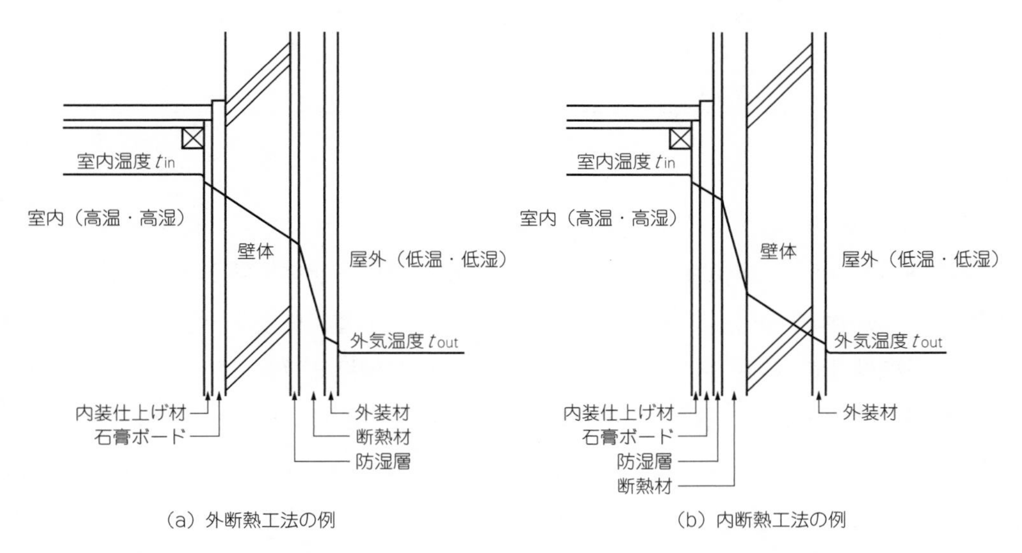

（a）外断熱工法の例　（b）内断熱工法の例

図１－23　鉄筋コンクリート造における外断熱工法と内断熱工法

結露防止には，壁体に断熱を施すことによって室内側壁体表面温度の低下を防いだり，壁体内部の室内側に防湿層を設けて湿気の移動を防いだりすることが求められる。

（４）　空気環境

ａ．室内空気質

室内空気の品質を**室内空気質**という。室内空気質が低下する原因としては，在室者の呼気や喫煙によって発生する二酸化炭素・臭気・浮遊粉じん，開放型燃焼器具から発生する一酸化炭素・水蒸気，プリンターやコピー機などから発生する浮遊粉じん，内装材料や家具から発生するホルムアルデヒドなどの揮発性有機化合物（VOC）などが挙げられる。浮遊粉じんは，粒径が10μm以下の塵埃で，粒径が小さいために重力で沈降しないで空気中を浮遊する。一般に，室内の二酸化炭素濃度を調べることによって，室内空気質の程度を知ることができる。表１－９に二酸化炭素の許容濃度と有害濃度を示す。

表１－９　二酸化炭素濃度の許容濃度と有害濃度

濃　度〔%〕	意　　義
0.07	多数継続在室する場合の許容濃度
0.10	一般の場合の許容濃度
0.15	換気計算に使用される許容濃度
0.2 ～ 0.5	相当不良と認められる。
0.5以上	最も不良と認められる。
4 ～ 5	呼吸中枢を刺激して，呼吸の深さ，回数を増す。O_2の欠乏を伴えば，障害は早く生じて決定的となる。
～ 8 ～	10分間呼吸すれば強度の呼吸困難・顔面紅潮・頭痛を起こす。O_2の欠乏を伴えば，障害はなお著しくなる。
18以上	致命的

b．換　　気

室内空気質を維持するためには，新鮮外気を導入して，汚染空気を排気する必要がある。これを**換気**という。換気には，室内外の圧力差を用いる**自然換気**と，送風機を用いて強制的に行う**機械換気**がある。また，機械換気には，**第１種機械換気**（強制給気・強制排気），**第２種機械換気**（強制給気・自然排気），**第３種機械換気**（自然給気・強制排気）がある。建築基準法では，室内の二酸化炭素濃度を1000ppm（0.1％）以下に維持するという環境基準が定められている。また，在室者１人当たりの換気量（外気導入量）を20㎥/h以上と規定している。換気量の評価には，室容積の空気が１時間に何回外気と入れ替わるかを示す換気回数［回/h］が用いられる。住宅では，0.5回/h以上の換気回数を確保できる機械換気設備の設置が建築基準法で義務付けられている。

表１－10に建築基準法及び建築物衛生法で定められている，中央式空気調和設備を設けている場合の空気環境の基準を示す。

表1－10　空気調和設備を設けている場合の空気環境の基準

項　目	基　準
浮遊粉じんの量	0.15mg/㎥以下
一酸化炭素の含有率	100万分の10以下（＝10ppm以下）*
二酸化炭素の含有率	100万分の1000以下（＝1000ppm以下）
温度	(1) 17℃以上28℃以下 (2) 居室における温度を外気の温度より低くする場合は，その差を著しくしないこと。
相対湿度	40％以上70％以下
気流速度	0.5m/秒以下
ホルムアルデヒドの量	0.1mg/㎥以下（＝0.08ppm以下）

*特例として外気がすでに10ppm以上ある場合には20ppm以下

第３節　エネルギー消費と建築

３．１　気候変動と建築

2015年に国連気候変動枠組条約締約国会議（COP21）で採択された**パリ協定**で，締約国は2100年までに平均気温の上昇を産業革命以前と比較して２℃以内に抑制することを決定した。**地球温暖化**は進行していて，それによって豪雨や干ばつの増加などの**気候変動**が地球規模で発生している。地球温暖化の原因は，大気中の**温室効果ガス**の増加によるものである。温室効果ガスは，地表から放射される赤外線を吸収して下方へ放射することで，地表の温度を上昇させる。人為的に発生する温室効果ガスには，二酸化炭素，メタン，フロンガスなどがあるが，この中では二酸化炭素が最も多い。産業革命以降，生活や経済活動で石炭，石油，天然ガスという**化石燃料**を大量に消費することで大気中の二酸化炭素濃度を増加させてきた。気候変動を抑制するためには，これらの化石燃料の消費の抑制が急務である。そして，排出した二酸化炭素を森林などの吸収源で吸収することで，実質的に炭素排出量をゼロにする**カーボンニュートラル**が求められている。

建築分野で消費されるエネルギー量は全体の$\frac{1}{3}$を占める。また，温室効果ガスの排出量としては４割近くを占めている。そのため，建築分野におけるカーボンニュートラルの取り組みは重要である。これを実現するためには，建築における**省エネルギー**と**再生可能エネルギー**利用が求められる。省エネルギーとは，エネルギー使用効率を向上させることで，より少ないエネルギー消費量で同じ効果を得ることである。再生可能エネルギーとは，太陽光や風力などのように，使用しても再生されて，消滅しないエネルギーのことである。

3．2　建築のエネルギー消費

建築におけるエネルギー消費は，主として建築設備の利用によるものである。住宅では，暖房，給湯，照明設備のエネルギー消費量が多く，北海道などの寒冷地では，暖房のエネルギー消費量は全体の半分を占める。オフィスビルでは，空調・換気，照明，コンセントのエネルギー消費量が多くを占めている。特に，空調設備では冷房運転が年間を通じて主体となっている。このように，建物用途によって，エネルギー消費構造が異なるので，建物用途に応じた省エネルギー計画が求められる。

また，建築を構成する建築材料を生産するために，多大なエネルギー消費が必要である。セメント，鋼材，ガラスなどの建築材料の製造には，各製造工程で焼成，溶解，融解などにエネルギーを消費し，その多くは化石燃料の燃焼によって得られることから，大量の二酸化炭素の排出が発生する。従って，建設された時点で，大量の二酸化炭素の排出がすでに行われたことになる。そこで，この建築をより有効に生かすために，建築の長寿命化が求められる。これによって，将来的な二酸化炭素の排出を抑制することができる。

一方，木材は森林資源として，大気中の二酸化炭素を吸収して得られる材料である。その上，加工に要するエネルギー消費量が少なく，他の建築材料と比較して軽量であることから，輸送にかかるエネルギー消費も少ないと考えられる。木材を建築材料として使用することで，森林経済が活性化して，二酸化炭素の吸収源としての森林保護に貢献できる。

3．3　建築の省エネルギーと再生可能エネルギー利用

理想的には，建築のエネルギー消費量を再生可能エネルギー生産量でまかなうことができれば，建築として正味のエネルギー消費量がゼロになる。これを，ZEB（ネット・ゼロ・エネルギー・ビル）という。もちろん，太陽光発電などの再生可能エネルギーは状況によって発電量が変動するので，エネルギー消費量と比較して，過剰になったり，不足になったりする。そこで，再生可能エネルギーの過不足量を蓄電池で蓄放電したり，外部の商用電源で売買電をしたりして，1年間で計算上建築の1次エネルギー換算したエネルギー消費量と再生可能エネルギー生産量がバランスするように設計する。1次エネルギーとは，自然界から得られた加工されていない状態のエネルギーで，化石燃料，水力，太陽

光などをいう。電力は，発電所でエネルギー変換されたエネルギーなので，２次エネルギーである。

ZEBを実現するためには，一般的な建物（リファレンスビルという）のエネルギー消費量を①省エネルギー計画によって抑制し，それに相当する②再生可能エネルギーによる発電量を準備する必要がある。年間の１次エネルギー消費量と再生可能エネルギー生産量がバランスする「ZEBライン」付近になれば，その建物はZEBを実現したことになる。図１－24にZEBの定義を示す。横軸は，建物の１次エネルギー消費原単位で，年間単位延床面積当たりの１次エネルギーに換算したエネルギー消費量である。縦軸は，年間単位延床面積当たりの再生可能エネルギー生産量（発電量）である。

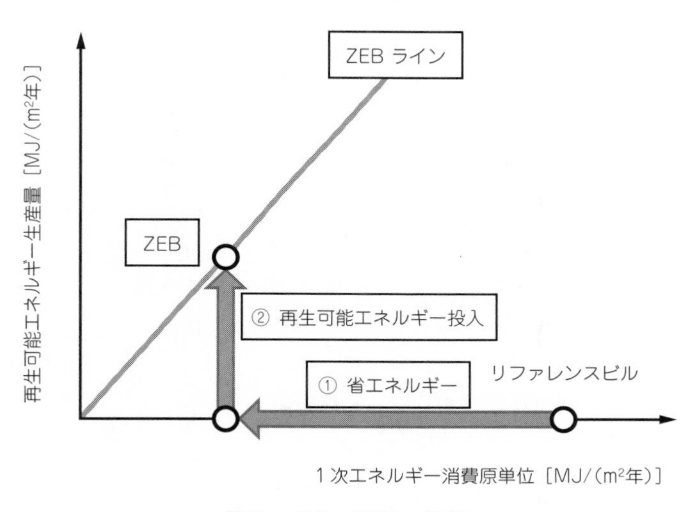

図１－24　ZEBの定義

第４節　人間と建築

日常生活の場となる建築空間は，人体の大きさと動作及び感覚的要素が密接に関係する。空間を構成する寸法体系には，人体寸法が最も基礎的なデータとなる。今日では，人間工学，心理学，生理学などの科学的手法に基づく快適性や機能性の追求が行われていて，人間性に配慮した寸法計画が行われている。

4．1　人体と寸法

建築空間の寸法の決定には，人体寸法の標準的な大きさや，姿勢に応じた部位寸法が基本となる。図１－25に人体寸法の概略値を，図１－26に設備・ものの寸法と身長の関係を示す。これに，水平，垂直方向に対する動作寸法と，物や空間との関わり合いを対応させて，最適な寸法を導く。図１－27に動作空間の概要を示す。ただし，人体寸法には性別や年齢など，属性による差や個人差があるので，建築空間の利用対象を考慮して設計寸法を決定する必要がある。図１－28に設備の寸法を示す。収納棚手前の動作スペースとしては，かがんだ姿勢でものをつかむために，最低90cm必要である。ドアの手前の動作スペースは，外開きの場合，ドアの開閉と来客が立つスペースを考慮して最低120cm要求される。

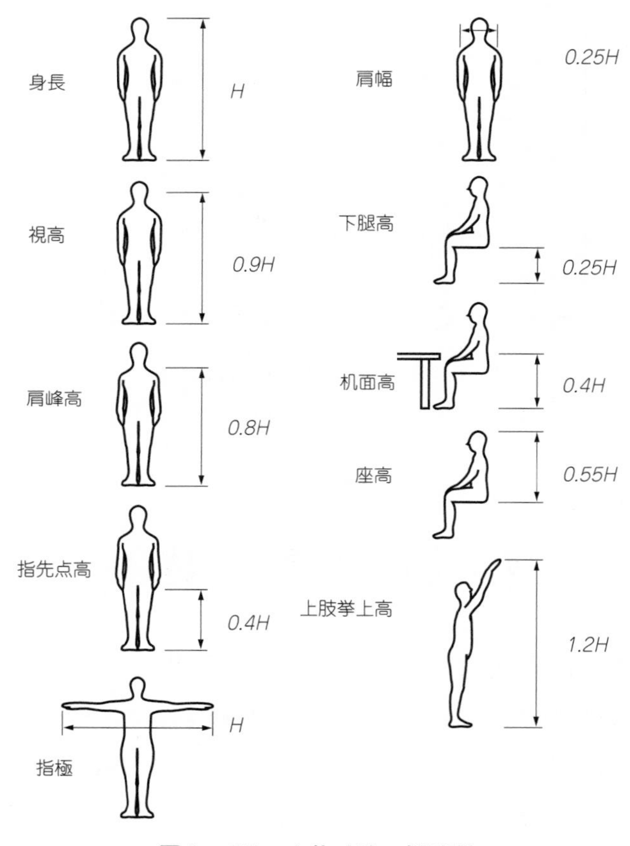

図１－25　人体寸法の概略値

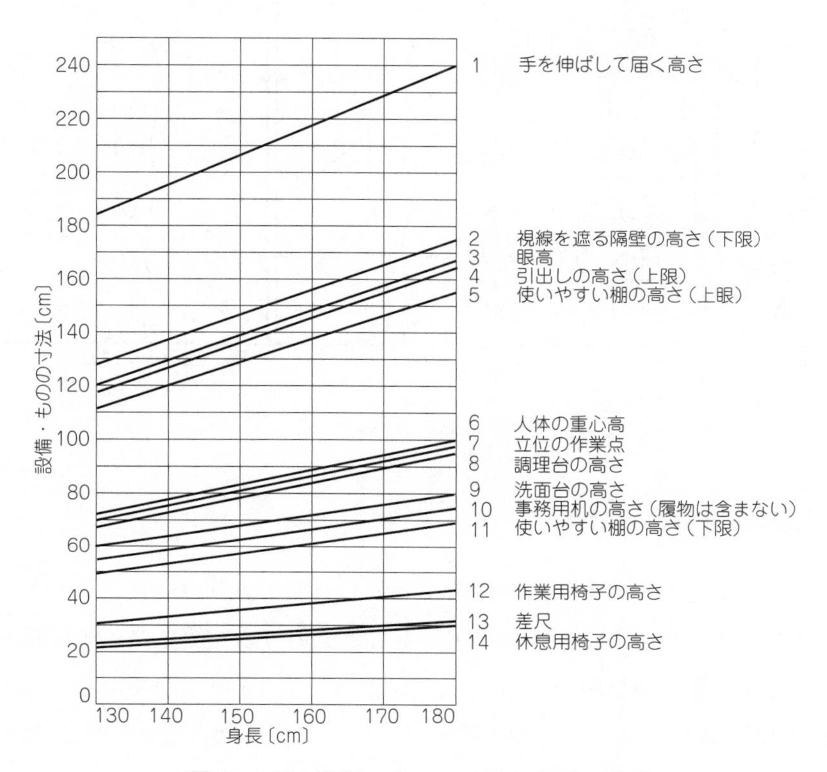

図1－26 設備・ものの寸法と身長の関係

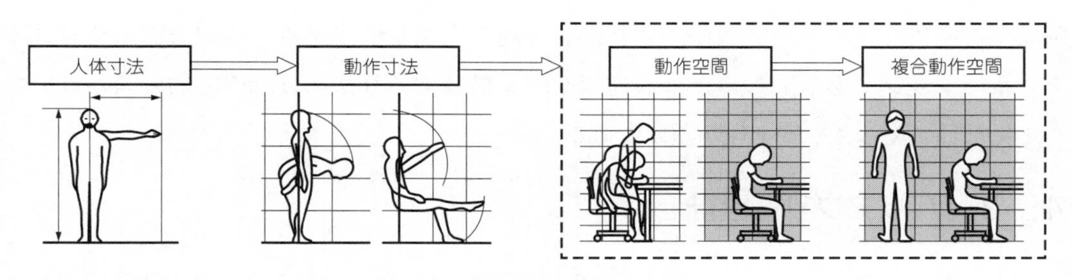

図1－27 動作空間の概要

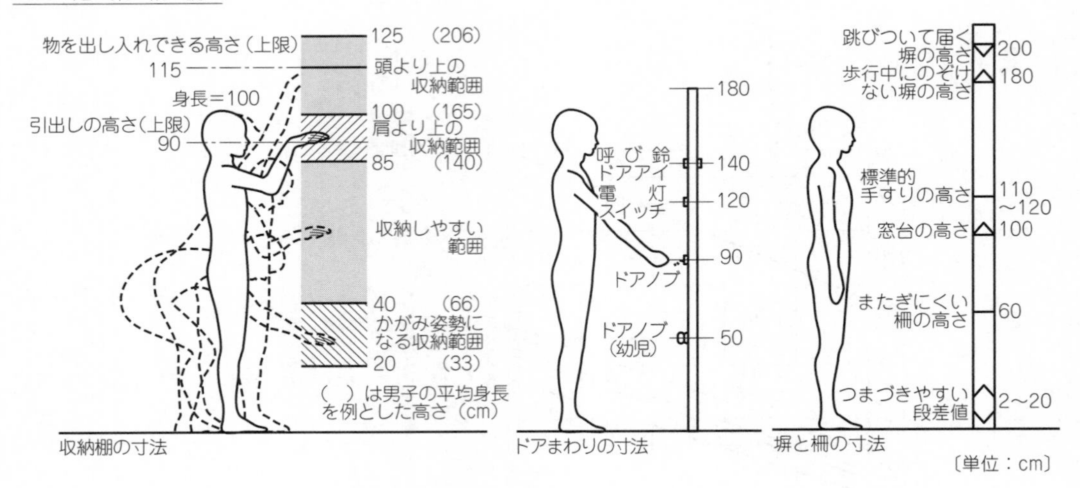

図1－28 設備の寸法

4．2 モデュール

建築設計や建築生産で用いる寸法の体系にモデュールがある。モデュールとは，建築空間で用いる寸法を使いやすいように規格化したものをいう。建築生産の工業化や分業化を進める上で，材料や部品の生産を規格化し，体系化することが必要である。日本産業規格（JIS）や日本建築学会建築工事標準仕様書（JASS）で，建築生産に関する規格が定められている。

モデュールは，SI単位系の世界的普及と工業製品の国際的な共通性を目的として活用されている。家具をはじめとして，室内空間に必要な寸法は人間の体や動作をもとに求められることが多い。寸法系列の決定や寸法の押さえ方には多くのものがあり，さまざまなモデュールが提案されているが，このモデュールの活用によって建築生産の合理化とコスト削減が可能になる。この寸法体系に基づいて建築空間を構成する手法がモデュラーコーディネーションである。このような建築空間を構成する寸法には，機能的要素だけでなく，見た目の美しさや安全性が重要である。

4．3 バリアフリー設計

身体に障がいのある人や高齢者のための居住環境づくりにおいて，種々の建築的障壁を解消する目的から**バリアフリー設計**が行われている。これは，手すりの設置，段差の解消，車椅子のための通路の拡張などの配慮を建築的に行うことを意味している。それに加えて，自立した生活や介護活動の省力化ができるように，空間づくりにも細かい寸法計画が必要となっている。図１－29に車椅子の寸法を，図１－30に車椅子の通行と寸法を，図１－31に手すりの取付け位置事例を示す。なお，斜路の勾配は，建築物移動等円滑化誘導基準で，1/12を超えないことと定められている。

さらに近年では，身体に障がいのある人や高齢者に対してだけではなく，年齢・性別・使用言語にかかわらず，誰もが安心して安全に利用できる**ユニバーサルデザイン**という設計手法が採用されている。

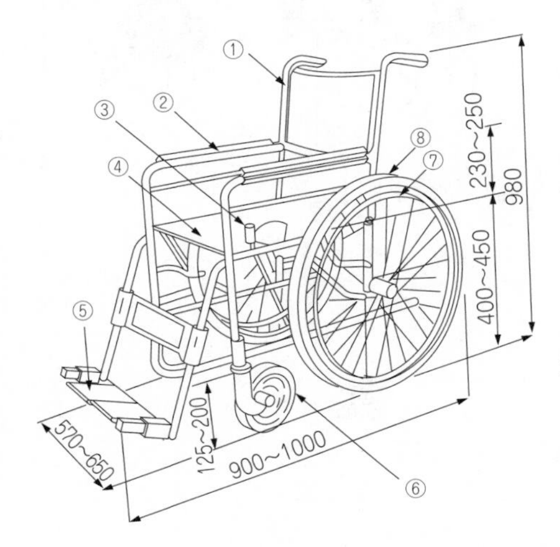

凡例
① 握り（Handle）
② 肘あて（Armrest）
③ ブレーキ（Brake）
④ 座席（Seat）
⑤ フットレスト（Footrest）
⑥ 小車輪（Caster）
⑦ ハンドリム（Handrim）
⑧ 大車輪（Large Wheel）

〔単位：mm〕

注）車椅子寸法の原点は座面高を水平軸に，車軸を垂直軸にとった点である。この座面高は，JIS大型で450mm，中型 420mm，小型 400mmである。外国製品よりも一般に5cmくらい低い。

図１－29　車椅子の寸法

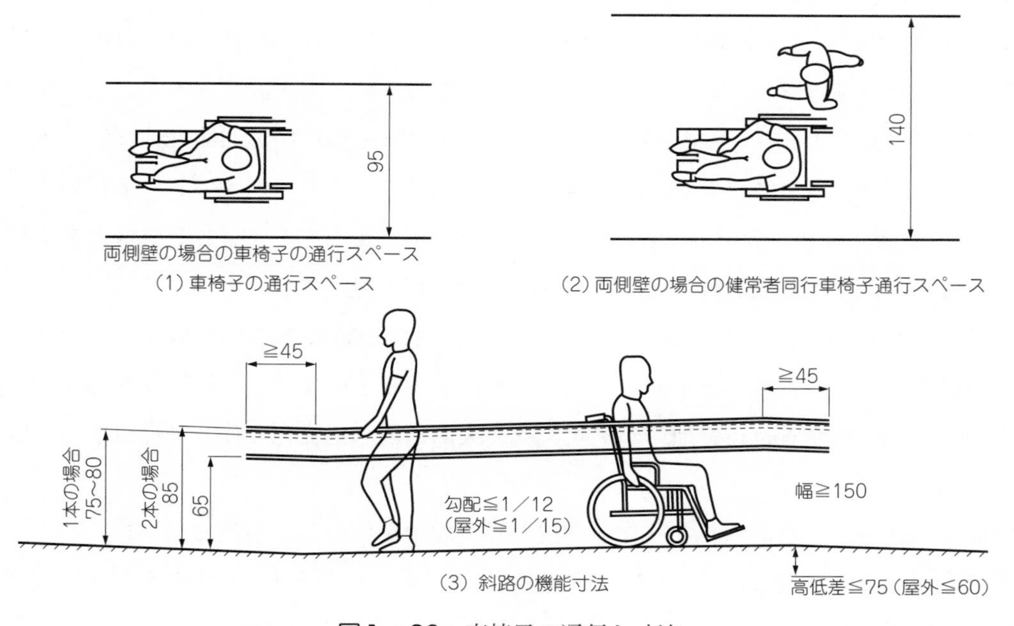

図１－30　車椅子の通行と寸法

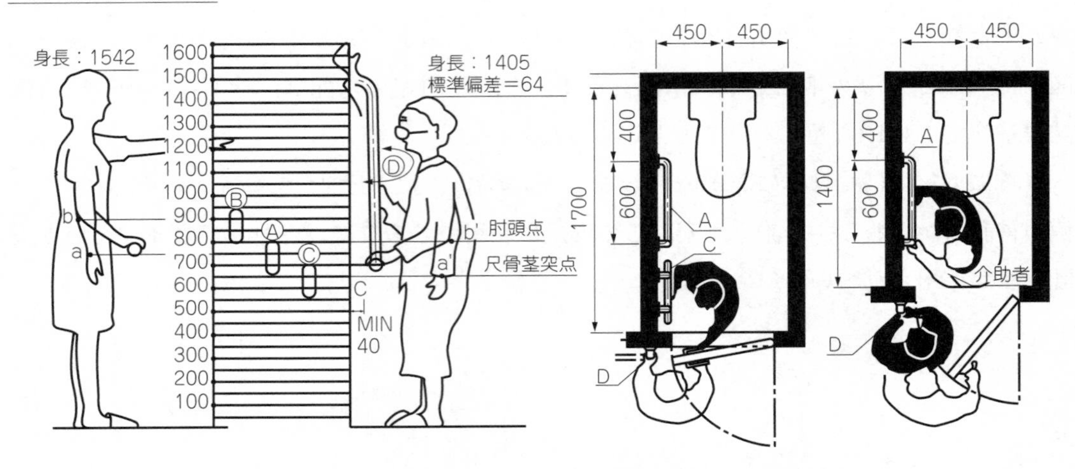

図1－31　手すりの取付け位置事例

第5節　地　　　震

5．1　地震の発生メカニズム

地球は，内部から地表に向かって，核（内核，外核），マントル（下部マントル，上部マントル），地殻という層構造になっていると考えられている。地殻は地球全体で十数枚のプレートという岩盤から構成されていて，日本近海には，太平洋プレート，北米プレート，フィリピンプレート，ユーラシアプレートの境界が存在する。図1－32に示すように，太平洋プレート（海洋プレート）は，ユーラシアプレート（大陸プレート）の下に毎年数cmの速度でゆっくりと沈み込んでいて，二つのプレートに圧縮力や引張力を蓄積させている。この力が解放されるとプレート境界で地震が発生する。また，このプレート運動は地盤全体にひずみを生じさせているので，各地の断層に圧力を蓄積させる。断層とは，地殻を構成する岩盤の破断面である。プレート境界と同様に，断層にかかる圧力が限度を超えたときに断層付近で地震が発生する。火山活動の活発化に伴って発生する火山性地震もある。

震源から放出されたエネルギーは地震波として地中を伝わり，地表面に到達して，地表面を震動させる。地震波には，P波（縦波）とS波（横波）があり，P波の方が伝播速度が大きい。地震の被害は，主としてS波による横揺れによって起こる。

マグニチュードとは，地震の規模（原因の大きさ）をいい，マグニチュード（M）という尺度で表現される。マグニチュードは対数尺度であり，マグニチュードが２大きくなると，地震のエネルギーは1000倍になる。震度階級とは地震の揺れの大きさ（結果の大きさ）をいう。気象庁の震度階級（震度）は，「震度０」「震度１」「震度２」「震度３」「震度４」「震度５弱」「震度５強」「震度６弱」「震度６強」「震度７」の10階級となっている。

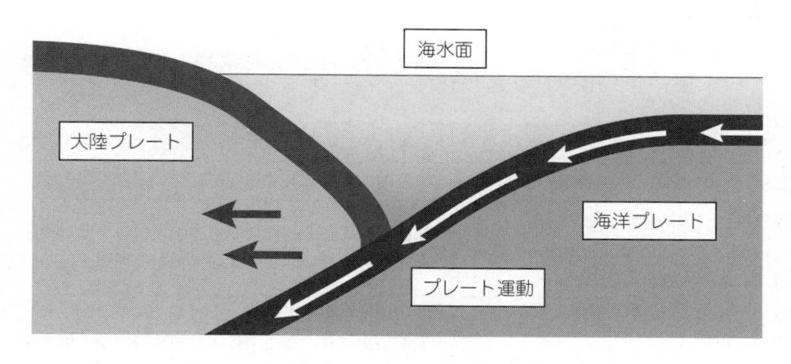

図１－32　プレート運動

5．2　日本の地震

近年日本で発生した主な地震と建築基準法の変遷を表１－11に示す。

表１－11　大規模地震と建築基準法の変遷

発生年	地震名称	地震の規模	最大震度	震源地と主な被害状況
改正年	建築基準法等の変遷			木造住宅における耐震基準
1891	濃尾地震	M8.0	震度６	震源地：岐阜県本巣郡　死者7,273人
1920	市街地建築物法施行			構造基準などが定められる。耐震規定は少ない。
1923	関東地震（関東大震災）	M7.9	震度６	震源地：山梨県東部，または神奈川県西部，または相模湾 死者・行方不明者　約10万５千人
1924	市街地建築物法の大改正 耐震規定が法規に初めて盛り込まれた。 鉄筋コンクリート造など水平震度0.1以上とする地震力規定が新設される。			筋違などの耐震規定が新設された。
1944	東南海地震	M7.9	震度６	震源地：三重県熊野灘沖　死者・行方不明者1,183人
1948	福井地震	M7.1	震度６	震源地：福井県坂井郡丸岡町　死者3,769人
1950	建築基準法制定（市街地建築物法廃止） 建築基準法施行令に構造基準が定められた。許容応力度設計が導入される。			床面積に応じて必要な筋違等を入れる「壁量規定」が定められた。 床面積あたりの必要壁長さ，軸組の種類・倍率が定義された。
1959	建築基準法の改正 防火規定が強化された。			壁量規定が強化された。 床面積あたりの必要壁長さ，軸組の種類・倍率が改定された。
1968	十勝沖地震	M7.9	震度５	震源地：千島海溝・日本海溝の境界付近　死者２名
1971	建築基準法施行令改正 1968年の十勝沖地震を教訓に，鉄筋コンクリート造の柱のせん断補強筋規定が強化された。			基礎はコンクリート造又は鉄筋コンクリート造の布基礎とすることが規定された。 風圧力に対し，見附面積に応じた必要壁量の規定が設けられた。
1978	宮城県沖地震	M7.4	震度５	震源地：宮城県沖　死者16名，重軽傷10,119名 住宅の全半壊4,385戸，一部損壊86,010戸
1981	建築基準法施行令大改正　新耐震設計基準 宮城県沖地震後，耐震設計法が抜本的に見直され耐震設計基準が大幅に改正された。 この新耐震設計基準による建物は，兵庫県南部地震においても被害は少なかったとされている。 これを境に「1981年（昭和56年）以前の耐震基準の建物」「1981年（昭和56年）以降の新耐震基準による建物」といった表現がされるようになる。			壁量規定の見直しが行われた。 構造用合板やせっこうボード等の面材を張った壁などが追加された。 床面積あたりの必要壁長さ，軸組の種類・倍率が改定された。 建築設備耐震設計・施工指針が制定された。
1993	釧路沖地震	M7.5	震度６	震源地：北海道釧路市南方沖　死者２名，負傷者966名
1995	兵庫県南部地震	M7.3	震度７	震源地：兵庫県淡路島北部沖　死者6,434人，行方不明者３人
2000	建築基準法改正			地耐力に応じた基礎構造が規定され，地耐力の調査が事実上義務化となる（施行令38条）。構造材とその場所に応じて継手・仕口の仕様を特定した（施行令第47条 告示1460号）。耐力壁の配置にバランス計算が必要となる（簡易計算，もしくは偏心率計算（施行令第46条 告示1352号）。
2004	新潟県中越地震	M6.8	震度７	震源地：新潟県中越　死者68名
2011	東北地方太平洋沖地震	M9.0	震度７	震源地：岩手県三陸沖　東北地方を中心に津波による被害大 死者・行方不明者約２万2,500人
2016	熊本地震	M7.3	震度７	震源地：熊本県熊本地方　死者252人，重軽傷者2,720人
2018	胆振地方中東部地震	M6.7	震度７	震源地：北海道胆振地方中東部　死者42人，重軽傷者762人

以上の地震では，家屋の倒壊や火災による人的被害のほかに，道路・上下水道・橋梁・ダム・堤防などのインフラの損壊による生活・物流・生産活動への影響も発生している。図１－33に兵庫県南部地震の被害を示す。

（a）木造家屋

（b）鉄筋コンクリート造の建物

写真提供：防災システム研究所、撮影：山村武彦

図１－33　兵庫県南部地震の被害

5．3　地震と建築

日本は地震国である。日本全国に地震を引き起こす活断層が分布していて，地震が多発する。そのため，日本では建築に対して地震への対応が求められる。

1978年の宮城県沖地震を契機として，1981年に建築基準法の耐震基準が改正された。従来の耐震基準は，中規模地震（震度５強程度）でほとんど損傷しないという許容応力度計算（一次設計）のみであったが，新規に大規模地震（震度７）で倒壊・崩壊しないという保有水平耐力計算（二次設計）が導入された。このような新しい耐震基準を「新耐震基準」と呼んでいる。また，宮城県沖地震では建築設備の損傷も多かったことから，空調機，ダクト，配管などの建築設備の転倒・揺れ防止の基準である建築設備耐震設計・施工指針も設けられた。

兵庫県南部地震の影響を受けて，2000年に建築基準法が改正され，木造住宅における耐震性能の向上が図られた。

地震に対しては，建築の耐震，免震，制振（震）技術が求められる。**耐震**とは，建物の強度を増すことによって，地震の揺れに対して耐久力を示すことである。**免震**は，免振装置によって地震による地盤の揺れを建物に伝えにくくすることである。**制振（震）**は，錘（おもり）やダンパーによって逆方向へ揺らすことで，地震の揺れによる建物の揺れを抑制することである。

第1章の学習のまとめ

この章では，建築を学ぶに当たって，「建築」とは何か，「建築物」はどのような役割を担っているかを学習した。

建築を計画する場合，その土地の気候や地形・地質などの自然的要素と，政治・経済・文化，技術革新，人間の心理・生理などの社会的要素を十分理解することが重要であり，環境と人間の関係を知ることが求められることについて学んだ。

【練 習 問 題】

次の問の文章で，正しいものには○印を，誤っているものには×印をつけなさい。

(1) 用途地域の指定が加わっても，建てられる建物に制約はない。

(2) クリモグラフで右上の状態は，低温多湿（湿冷）である。

(3) 敷地に対する建物の配置では，日照と通風を考慮する必要がある。

(4) 窓の大きさや位置が変わっても，昼光率は変化しない。

(5) 最も照明効率の良い方法は，間接照明である。

(6) 音の高さは，周波数が高いほど高くなる。

(7) 壁体の遮音性能を良くするには，吸音材を使えばよい。

(8) 結露を防止するためには，壁体表面の温度が露点温度以下にならないように，壁体の断熱をするとよい。

(9) 風力換気とは，室内外の温度差による換気方法である。

(10) 物体の表面色は，光源の種類によって変化する。

(11) 設備やものの高さ寸法の設定には，利用者の身長が大きく影響する。

(12) 建築の設計には，人体寸法を正確に当てはめるだけでよい。

第2章

建築物の種類

私たちの周囲には，実に多くの建築物が建築され，また，それらは私たちの生活と密接なかかわりを持っている。本章では，さまざまな建築物について，第１節では用途から，第２節では構造から見た種類と特徴の概略を学ぶことにする。

第1節　用途による種類

建築物を用途により大別すると，人とその家族の居住の用に供せられる住宅，日常生活に必要とする地域施設，さらに生産に関連する施設などがある。

施設は，表２－１のように各用途で分類されている。ここでは，住宅，教育施設，医療・福祉施設，事務施設についての建築計画を学ぶ。

1．1　住　　宅

住宅は，社会の構成単位である個人とその家族によって営まれる休養・団らん・育児・食事といった日常生活の拠点であり，最も身近な建築である。人間の生活様式は，時代・地域・職業・所得・家族構成・生活に対する意識によって変化し，また多様化する。全ての建築に共通する安全で，便利で，そして無駄がなく機能的であることはもちろん，生活様式の変化に柔軟に対応できる住空間をつくり出さなくてはならない。

住宅総数は今や約6240万戸（居住世帯のある住宅の総数は5361.6万戸）以上となっているが，そのうち空き家は約850万戸となっている。

図２－１に住宅の建て方別住宅数の推移，図２－２に住宅当たり延べ面積の推移を示す。

表２－１　施設の分類

施設分類	施　設　の　例
住宅	独立住宅，集合住宅，寄宿舎・寮など
文化施設	図書館，集会所，公民館，文化会館，郷土資料館，博物館，植物園・水族館，展示場など
体育施設	体育館，運動公園，市民プール，テニスコート，ゲートボール場，公園など
教育施設	幼稚園，小学校，中学校，高等学校，高等専門学校，短期大学，大学，大学院，特別支援学校，職業訓練校，専修学校など
宗教施設	神社，寺院，教会，修道院，納骨堂，墓苑，礼拝堂，霊園管理事務所など
福祉施設	児童センター，老人福祉センター，養護老人ホーム，特別養護老人ホーム，障害者福祉センター，心身障害児センター，地域福祉センターなど
医療施設	病院，一般診療所，歯科診療所，保健所，保健センター，保健増進センター，母子健康センター，保育所，リハビリテーション・センター，血液センターなど
事務施設	事務所（民間），オフィスビル，銀行，金融機関，商工会議所など
試験・研究施設	気象台，天文台，観測所，研究所など
宿泊施設	ホテル，旅館，保養所，ペンションなど
商業施設	小売店舗，飲食店，スーパーマーケット，ショッピングセンター，百貨店，カラオケボックス，パチンコ屋など
情報通信施設	郵便局，有線放送・CATV施設，電信・電話局など
交通施設	駅舎，バスターミナル，駐車場，立体駐車場，駐輪場，給油所，料金所，SA（サービスエリア），フェリーターミナル，空港，地下鉄駅舎，地下歩道，歩道橋など
集会施設	体育館，公会堂，集会場，ボーリング場，劇場，映画館，アスレチック場，スケート場，浴場施設，競馬場・競輪場など
流通施設	工場，育苗施設，温室，畜舎，牛舎，自動車車庫，自転車駐輪場，倉庫，卸売市場，火葬場，自動車修理工場，危険物貯蔵庫，物流施設，汚水処理場，ごみ処理場など
行政施設	庁舎，役場，消防署，事務所，庁舎，裁判所，消防署，警察署，農協，浄水場，水道施設，下水処理場，清掃工場，ごみ焼却場，汚物処理場，電気・ガス・水道施設，し尿処理場，ごみ処理場，下水・排水処理場など

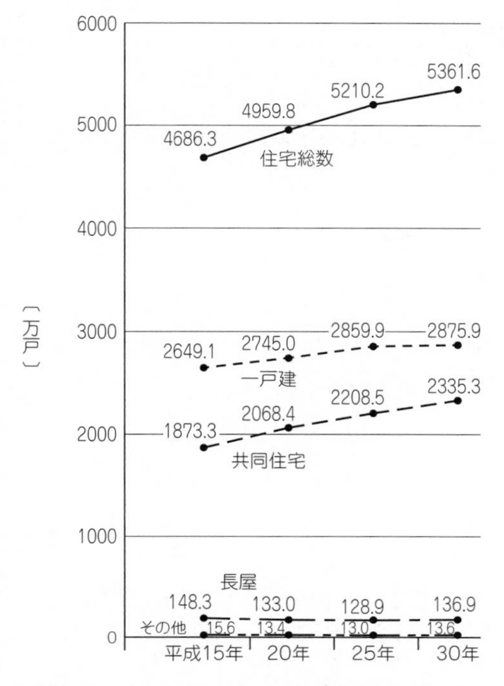

図2－1 住宅の建て方別住宅数の推移

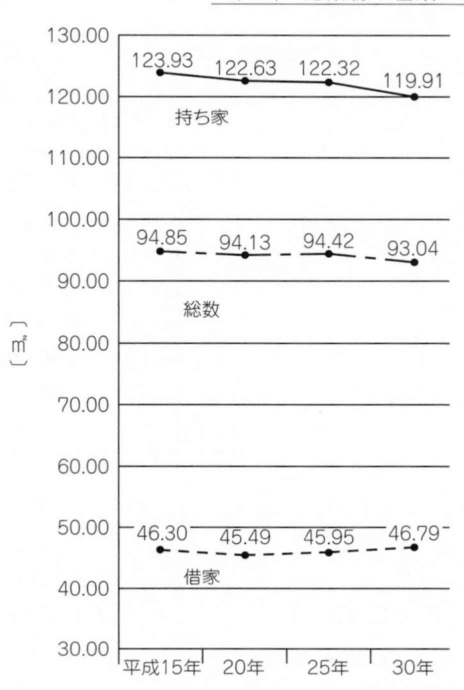

図2－2 1住宅当たり延べ面積の推移

住宅の需要も当初は量の確保であったが，そこから質の改善へと変化し，近年は手すりが付いていたり段差のない高齢者に配慮した住宅や，不燃化・耐震化といったさらなる質の向上が望まれる。今後はさらに環境への負荷を軽くするよう再生可能エネルギー利用（太陽熱温水・太陽光発電・風力発電）のある住宅が望まれる。また政府から世代を超えて引き継がれていくことができる質の高い住宅「長期優良住宅（200年住宅）」造りが推進されている。今後の住宅は壊して造るのではなく，何世代も住み続けられる住宅が求められる。また，大地震に遭遇しても軽微な修繕で住み続けられるような100年単位の長寿命住宅が望まれる。質の良いものを造り，長く大切に使うことができ，環境への負荷の少ない住宅が街全体・地域全体に広がり，良質な住環境が形成されていくことが強く望まれる。

住宅はきわめて多様で，正確な分類は困難であるが，ここでは日本における現状の概観を示す。

(1) 立地による分類

住宅は，その立地により表2－2のように都市住宅，農山村住宅，漁村住宅などに分類される。

表2－2　立地別の分類

分類	一般的特徴
都市住宅	○土地に対し密度が高く建設される。 ○用途・立地・経営・居住者階層などに応じ形態は多様である。 ○社会情勢・都市状況により変化が激しい。
農山村住宅	○土地に対する密度は低い。 ○独立の敷地を有し，多くは付属舎を伴う。 ○農業生産機能を併せ持つ。 ○伝統性・慣習性が根強い。
漁村住宅	○狭い土地に密度が高く建設される。 ○漁業労働の共同性を反映する場合がある。
その他	別荘など

（2）住戸（棟）形式による分類

住宅を敷地との関係で分類すると，次のようになる。

1）**独立住宅**；1戸ごとに独立に建てられている住宅である。各住戸ごとに専用の庭を有し，**1戸建住宅**ともいう（図2－3(a)）。

2）**連続住宅**（長屋）；2戸以上の住戸が区画された庭を持ちながら数戸の住戸を連続して1棟として建てる形式で，**テラスハウス**と称される（図2－3(b)）。1戸建よりも密度を高めながら，できるだけ独立性を保持しようとする形式である。また，中高密度の低層連続住宅で共用空間を取り囲んで配置した**タウンハウス**がある。

3）**共同住宅**；共用の敷地の上に住戸を積み重ね，連続して建てる形式である（図2－3(c)）。敷地に対する戸数密度は高くなる。

一般的には，各戸の玄関までの廊下，階段を共用しない形式を連続住宅（長屋）とし，廊下・階段を共用する形式を共同住宅というように区別している。

連続住宅及び共同住宅を集合住宅といい，住棟を構成する個々の住宅を住戸という。

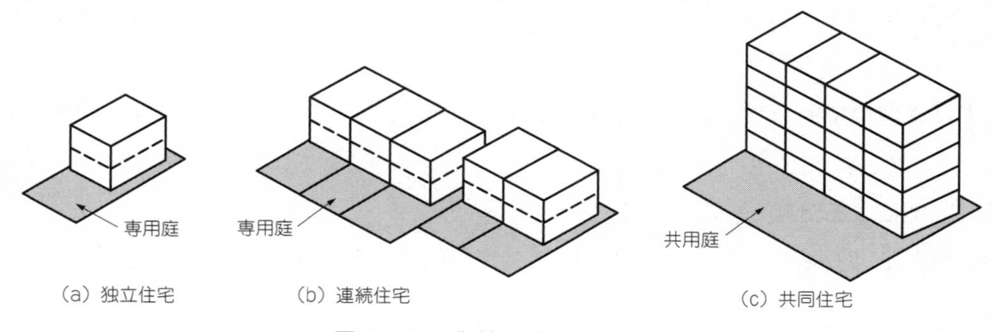

図2－3　住棟形式による分類

ここでは，独立住宅を例に建築計画上の留意点を述べることにする。

どのような建築も次のような要素を備えていなければならない。

① 安全であること。

② 衛生的であること。

③ 機能的であること。

④ 快適であること。

⑤ 住む人のニーズが反映されていること。

住宅は先に述べたとおり，私達にとって最も身近な建築である。独立住宅は集合住宅・学校施設・医療施設・事務所建築などと異なり，注文者である建築主とそれを使用する者が同一であるケースがきわめて多く，単に機能的で工学的に優れているだけでなく，心理的な面を配慮した楽しい家庭生活ができる建築でなければならない。

a．条件の把握

建築の計画を進めるに当たっては，まず設計条件を明確にすることから始まる。よりよい建築を設計しようとするならば，その建築が「誰のために，どのような場所で，どのような目的で，どのように建てられるのか」を的確に把握しなければならない。

建築物を計画する場合の共通的な**制約条件**として，

① 敷地の条件（形状・方位・高低差・公共設備・地質など）

② 環境の条件（自然環境・社会環境）

③ 法的条件（用途地域・防火・準防火地域・建ぺい率・容積率・条例など）

④ 構造・構法・材料，規模，仕上げなどの条件

⑤ 経済的条件（予算・工期など）

といったことがあげられる。

特に建築主の**要望条件**，すなわち**ニーズ**は的確に把握しなければならない。

独立住宅の場合，

① 家族構成

② 生活行為

③ 家具などの必要な道具類

④ 建築主の持っている価値観

⑤ 嗜好

などがあげられる。

また，住宅は使用者の年齢の変化に伴って生活様式も変化するため，それに柔軟に対応

できるような工夫も必要になってくる。特に独立住宅では，年月を経るに従って家族構成も変化するので建築主とその家族のライフサイクルの把握は十分に行う必要がある。

b．基本方針の設定

要望条件について家族と意見調整をしながら建築主との対話から住み手の人生の目的，生活の目的を把握することによって住宅の目的を明確にし，計画の基本方針（コンセプト）を立てる。

c．機能計画（図２－４）

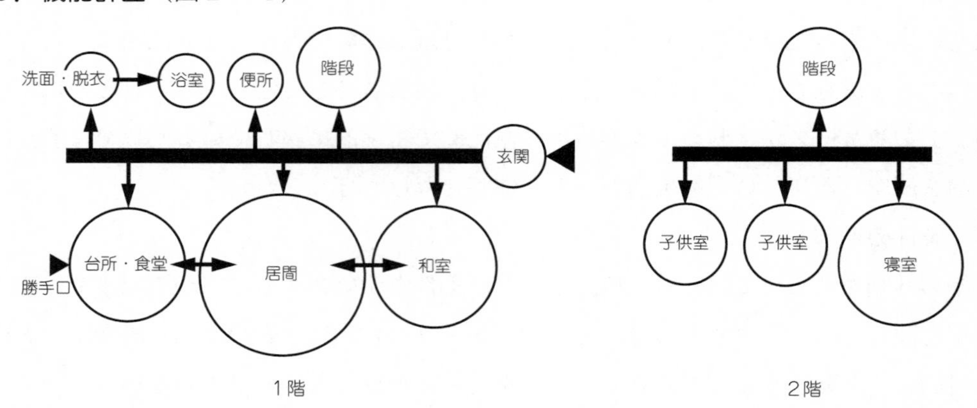

図２－４　機能図

計画しようとする建築物がその目的を達成するために必要とする機能とその空間の大きさを把握する。独立住宅において生活行為に要求される機能空間としては，

①　家族の共同空間（居間・食堂・応接室など）

②　家事労働空間（台所・洗濯室・家事室など）

③　生理衛生空間（便所・浴室など）

④　個人の私的空間（寝室・書斎など）

に大別される。これらの機能空間を線でつなぐことによって平面要素の関連を把握する。

d．動線計画

それぞれの機能空間をつなぐ線は，同時に計画される建築物の内外を移動する人や物などの軌跡，つまり**動線**となる。原則としてこの動線は，

①　できるかぎり短く。

②　直線的

③　単純明快

④　異なった動線は交錯しない。

としなければならない。

e．ゾーニング（グルーピング）

空間の持つ機能・用途・性質などの共通性を手がかりにそれぞれの空間をいくつかにグループ化することをグルーピングという。そしてこのグループ化された空間を敷地に配置することを**ゾーニング**という（図２－５）。

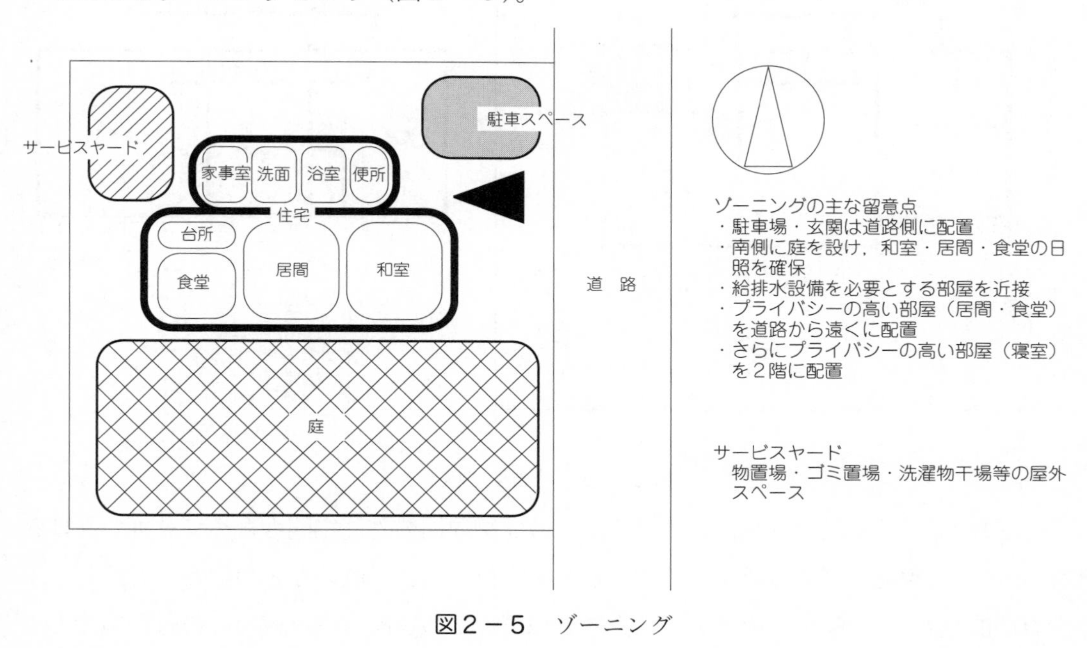

図２－５　ゾーニング

f．フィードバック

できあがった平面計画は，何度も繰り返し諸条件に照らし合わせて評価して修正を加え，機能性を高めていく。また，安全のための構造計画，快適のための給排水，冷暖房・空気調和・換気，電気といった設備計画，建築主の要望を形にするための意匠計画も行う。これらの計画においても全体と部分，内部と外部，概略と詳細の検討を何度も繰り返し，図面だけではなくスケッチや模型なども使いながら，建築主と調整して具体的な形に整える。図２－６に平面計画例をあげる。

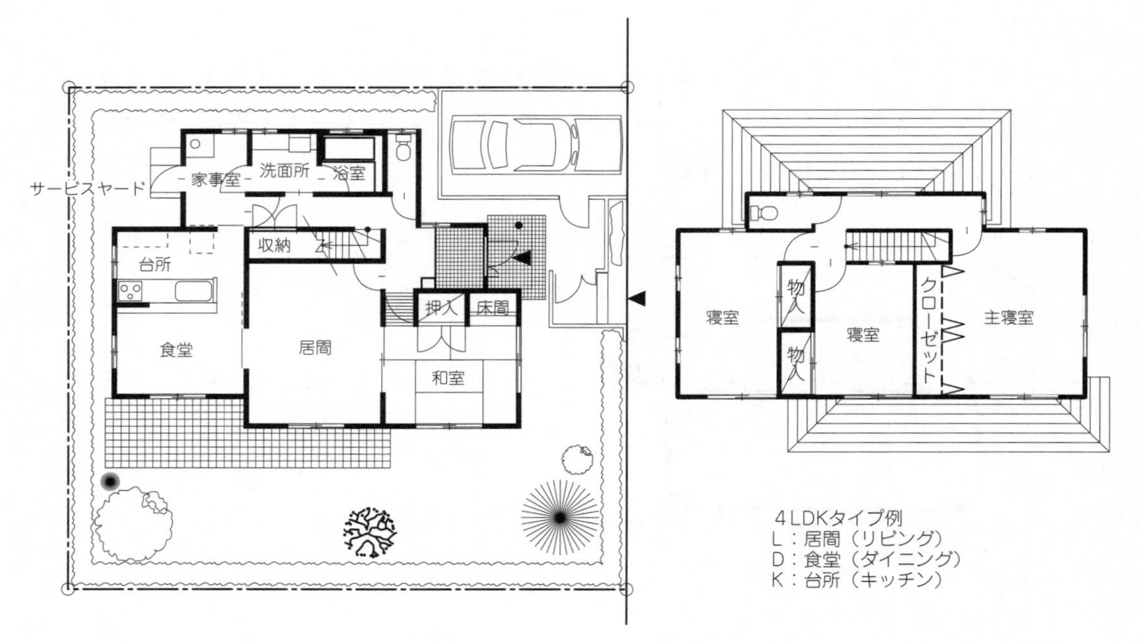

図2－6　平面計画例

建築設計は内部空間の計画だけでなく，その建築周囲の外部空間も含めて計画しなければならない。敷地に接する道路の位置・日照・方位・騒音・眺めなどの特質を考慮して，建物周囲の空き，建築物への導入の仕方，外部環境との遮断方法，敷地内の付属施設と主たる建築物とのつながり，というように敷地と建物との調和を図りながら配置する。

また，住宅は建築主の価値観や生活様式といった生活に関わる要望を汲み取った生活空間としなければならない。独立住宅の多くは建築主個人の財産であり，どのような意匠にするかは建築主個人の自由ではある。しかし，その住宅の存在は地域の財産でもあり，地域の景観を形づくる要素の1つでもあるので建築設計者の責任において周囲と調和した意匠としなければならない。

一般的に敷地の狭い市街地では，その多くが準防火地域に指定されていて，従来は2階建以下にとどめられていた木造住宅が木造建築の防火に関する技術の向上と，昭和62年の建築基準法改正によって条件付きで3階建でも建てられるようになり，その後さらに防火地域にも条件付きで木造3階建が立てられるようになった。

2006年消防法の改正では，新築住宅の居室，階段などに住宅用火災報知器の設置が義務づけられた。また既存住宅についても2011年までに設置することが義務づけられた。

(3) 用途による分類

住宅は，仕事のための空間を含まない場合と含む場合で，表2－3のように**専用住宅**と**併用住宅**に区分される。また，専用住宅は世帯用と単身者用でさらに分類することができる。

表2－3 用途別の分類

分類		例
専用住宅	世帯用住宅	独立個人住宅 建売分譲住宅 木造零細アパート 民間分譲集合住宅 公共賃貸集合住宅
	単身者用住宅	寄宿舎 単身用アパート
併用住宅	店舗併用住宅 作業場併用住宅 倉庫併用住宅 診療所併用住宅	小売商店など 自動車修理屋など 材木屋など 医院

(4) 階数区分による分類

住宅は，階数により低層・中層・高層住宅に分類される。この分類の方法は住宅に限らず一般の建築物の分類にも適用されることがある。

1）**低層住宅**；1～2階建で，独立住宅か連続住宅となり，各戸が庭を持つ接地型住宅となる。住宅密度は低くなる。

2）**中層住宅**；3～5階程度の共同住宅で，共用部分は階段室又は廊下程度があればよく，また住戸の居住性も比較的良好に確保できる。大部分の住戸に庭を設置せず，地上を共用庭とすることが多い。以前は階段のみであったが近年はエレベーター付きのタイプが増えている。

3）**高層住宅**；6階以上の共同住宅で，エレベーターを必要とするほか，高くなるほど構造・設備などの工事費がかかる。地価の高い立地において密度を高めながらまとまったオープンスペースが得られる。また，団地の景観構成のための要素として中・低層住宅と混用されることがある。

共同住宅では，さらに通路形式，断面形によっていくつかに分類される。

4）**超高層住宅**；高層住宅のなかでも特に20階以上のタイプで，近年は，大都市近郊に建設されている。

(5) 通路形式による分類

1）**階段室型**（ホール型）；階段室やエレベーターホールから直接各住戸に達する形式で，各住戸のプライバシーの確保は容易で，棟の両側に窓が設けられるので通風の面でも利点がある（図2－7(a)）。高層住宅の場合，住戸数の割にエレベーターを多く必要とするので中層住宅に適している。

なお，中央に階段を設けＹ字型に各戸があるような平面をポイントハウス型という（図2－7(b)）。

2）**片廊下型**；階段又はエレベーターで各階に上がり，開放された片廊下を通って各住戸に達する形式である（図２－７(c)）。各住戸の前に共用の廊下があるため各住戸のプライバシーが失われやすく，廊下側には居室を設けずに台所や便所・浴室などを配置することが多い。そのために住戸内の通風が悪くなりがちとなる。高層住宅の場合は，エレベーター１台当たりの住戸数が多くなるので経済的に有利となる。

3）**中廊下型**；中央に廊下を設けその両側に各住戸を配置する形式（図２－７(d)）。片廊下型に比べると建物の幅を大きくとることができ，構造上も戸数密度からも有利であり，エレベーター１台当たりの住戸数が片廊下型以上に多くとれるが，プライバシーは片廊下型よりいっそう悪くなる上，各住戸の窓が１面だけにしか設けることができず，通風が悪く，日照の点でも住戸の自然環境に差異が生じる。

4）**ツインコリダー型**；中廊下型の廊下の中央を吹き抜けにする型式（図２－７(e)）。中廊下型の欠点である通風・日照がある程度改善される。

5）**スキップフロア型**；階段室型と片廊下型とを複合したもので，１・２階おきに廊下を設け，廊下階から階段によって各住戸に達する形式である（図２－７(f)）。住戸のプライバシーと両面開口の確保が可能であり，エレベーターも各階に止める必要がない。しかし，他の住戸へ移動する場合，いったん廊下階へ出て階段を上下しなければならないので通路動線が長くなる。

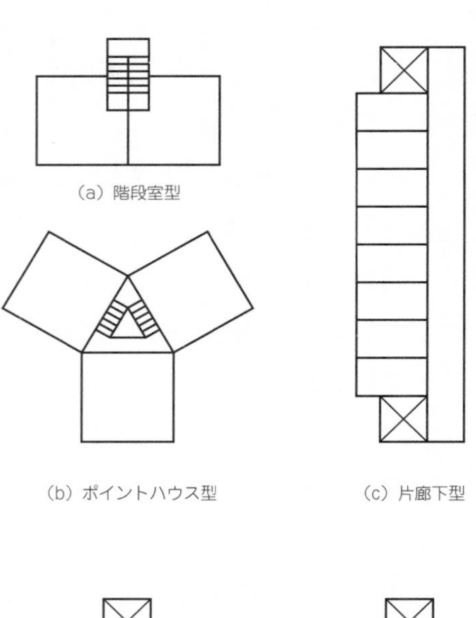

(a) 階段室型

(b) ポイントハウス型

(c) 片廊下型

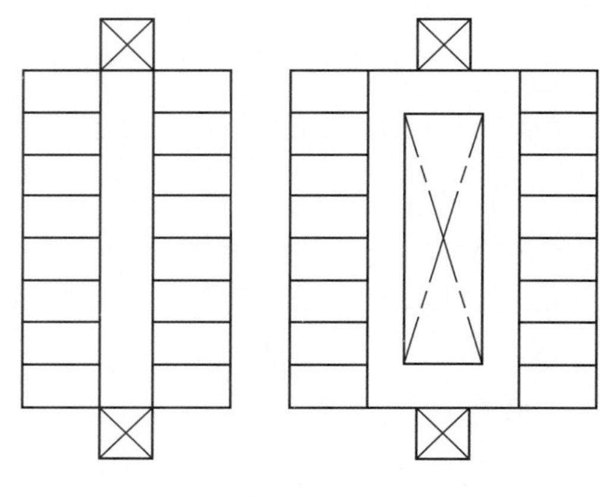

(d) 中廊下型

(e) ツインコリダー型

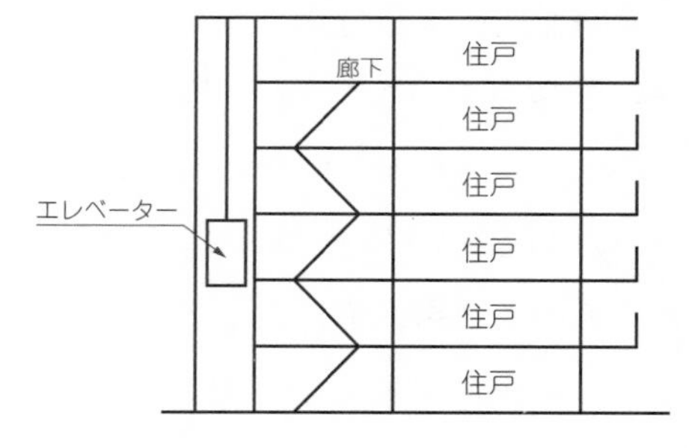

(f) スキップフロア型

図２－７①　通路形式による分類

(6) 断面形による分類

1）**フラット型**；1住戸が1階だけの形式で（図2－7(g)），わが国の共同住宅にはこの型が多い。

2）**メゾネット型**；1住戸が2層以上になっている形式で（図2－7(h)），廊下は1階おきに設ければよく，共用通路面積の節約になり，エレベーターを止める階数を減らすこともできる。住戸の上層には共用廊下がないため，プライバシーや通風の確保も容易になるが，住戸内に階段を設けなければならないので居室部分の面積が少なくなる。

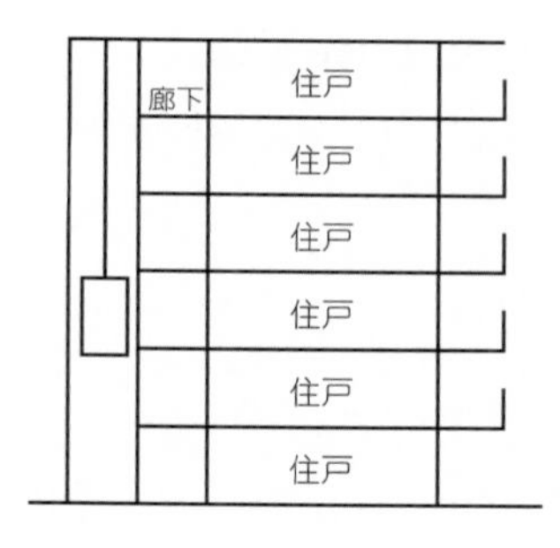

(g) フラット型

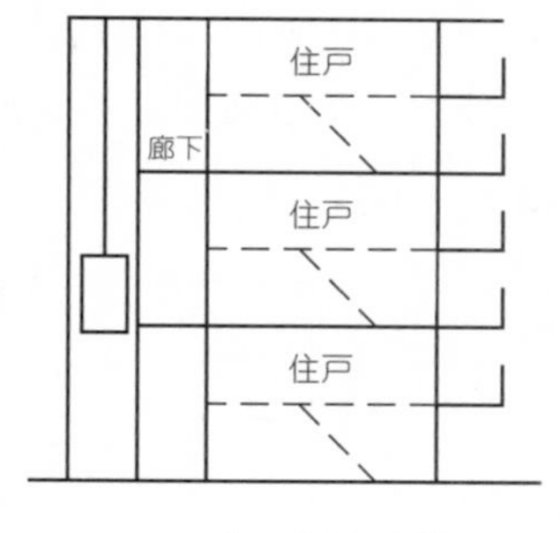

(h) メゾネット型

図2－7② 断面形による分類

1．2 学校教育施設

学校教育施設には，幼稚園・小学校・中学校・高等学校・高等専門学校のほか，短期大学・大学・大学院・特別支援学校（盲学校・ろう学校・養護学校など）・各種学校・専修学校などがある。表2－4に2020年現在の種類別学校総数を示す。

ここでは，幼稚園，小・中学校の施設について述べる。

表2－4 種類別学校総数（2020年現在）

	総数	国公立	私立
大　学	795	180	615
短　大	323	17	306
高等専門学校	57	54	3
高等学校	4874	3552	1322
中学校	10142	9360	782
小学校	19525	19285	240
幼稚園	9698	3300	6398
特別支援学校	1149	1135	14
専修学校	3115	196	2919

(1) 幼 稚 園

幼稚園は，満3歳から小学校就学前までの幼児を対象に保育と適切な環境を通してその心身の発達を促す目的の学校である。

少子化傾向により園児の数が減少していること，また，より行き届いた教育を目標とするためにも1学級の幼児数を35人以下とし，園舎は2階建以下とすることが原則とされている。

なお，幼稚園は学校教育法に基づいて設置される「教育施設」であるが，これとは別に保育所と呼ばれる児童福祉法に基づいて設置される「児童福祉施設」がある。保育所は保護者が労働などの理由により，家庭で十分な保育が困難な0歳から小学校就学前までの乳幼児を対象として保育を行う。また，昼間保護者が労働などで家庭にいない小学校の児童に対して，放課後に宿題や遊びを行う学童保育という施設もある。

ブロックプラン（特定の敷地の中に建物各棟がどのように配置されるかを示す平面図）の例を図２－８に示す。

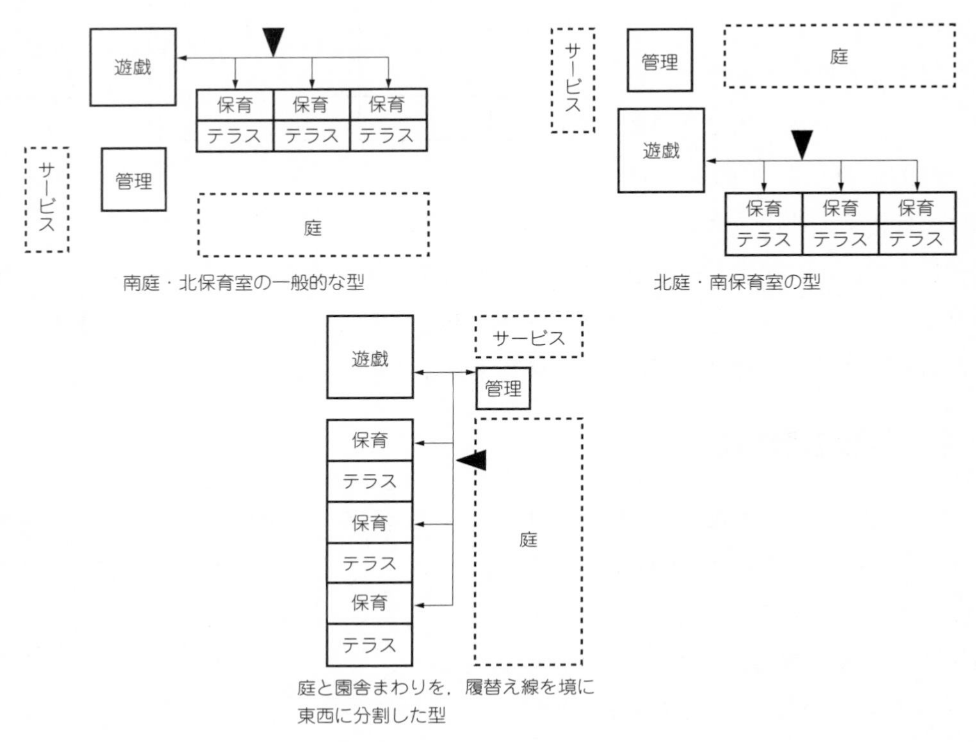

図2－8　ブロックプランの例

（2） 小・中学校

学校建築は，その学校が公立か私立か，制度，運営方式のほか，立地，気候条件，学校施設の地域開放，さらには多様な教育方法にも柔軟に対応できる学習空間が求められる。

また，子供たちが１日の大半を過ごす施設なので，子供達の生活の場として，ゆとり・安らぎが持てるよう考慮するとともに，不審者の侵入を未然に防止するような施設にしなければならない。

さらに，地域の人々の文化的活動，スポーツ活動などに使用できるように一部を地域に開放したり，災害に対しての避難施設として使用できるようにするなど多様な役割が求められる。

a．配置計画

校舎は，道路からの騒音を防いだり，採光・通風を確保するなど校舎まわりの環境をつくり，静かで落ちついた学習スペースの環境をつくる配慮も必要であるが，校舎による周辺への日照障害，及び児童生徒が発する騒音の考慮，学校から出る粉じん，排水といった周辺への影響も十分検討しなければならない。図2－9に配置例を示す。

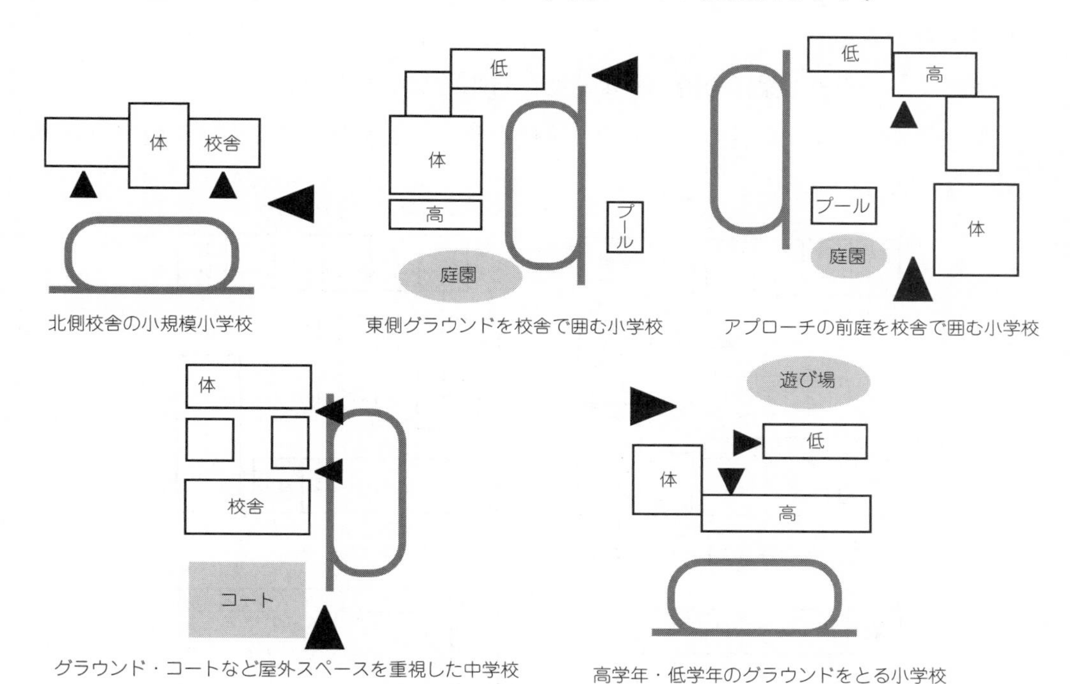

図2－9　配置のパターン

b．運営方式

学校の運営方式とは，時間割に定められた教科とそれを行う教室の使い分けのシステムをいう。運営方式は学校建築を計画する上で1つの大きな指標となる。配置例を図2－10に示す。

1）**総合教室型**（A型）；全教科の学習を1つの教室（クラスルーム）又はその周りで行う。生徒は教室を移動することがなく，落ちついて学習できるので小学校低学年に適している。

2）**特別教室型**（UV型）；普通科目はクラスルームで，美術・音楽・技術家庭といった特別教科は専用の設備・教材を備えた特別教室で行う。一般的に小学校高学年，中学校，高等学校で最も多く行われている。

3）**教科教室型**（V型）；全教科の学習をそれぞれ専用の教室で行い，生徒は時間割に従って教室を移動する必要がある。中学校，高等学校に適しているが，わが国では実例が少ない。

4）**プラトゥーン型**（P型）；全クラスを２つのグループに分け，一方のグループが普通教室を使用しているとき，他のグループは特別教室を利用させ，定時間ごとに交替させる方式である。中学校に適しているが，実際の例はきわめて少ない。

5）**オープンスクール型**；学級の枠を外し，教育内容に応じ，個別学習から大きなグループまで，適当な集団を適当な場所で，自主的な学習を中心に行う方式で，学年制と無学年制がある。海外の小学校では実例が多く，近年わが国でもいくつかの実例が見られるようになった。

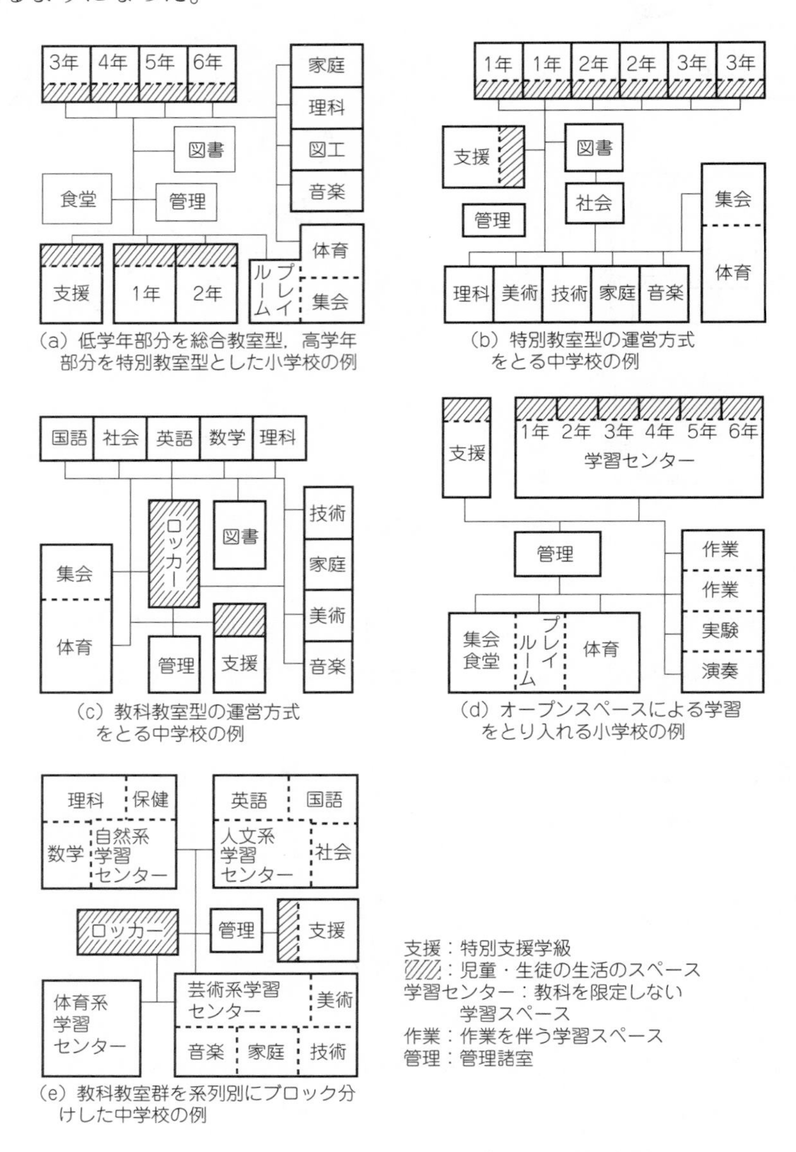

（a）低学年部分を総合教室型，高学年部分を特別教室型とした小学校の例

（b）特別教室型の運営方式をとる中学校の例

（c）教科教室型の運営方式をとる中学校の例

（d）オープンスペースによる学習をとり入れる小学校の例

（e）教科教室群を系列別にブロック分けした中学校の例

図2－10　運営方式から見た教室などの配置関係

1．3 医療・福祉施設

医療施設は，次のように分類される。

① 医療法において，患者収容のための病床数により診療所と病院

② 病床の種類により，一般病院・精神科病院・結核療養所・感染症病院など

③ 機能別により，特定機能病院・地域医療支援病院・これら以外の一般病院及び診療所

また，各市町村に保健センターが設置され，従来保健所が行っていた業務の多くが保健センターに移り，保健所は食品衛生・廃棄物処理対策・医療監視など公衆衛生活動の拠点の役割を果たすこととなった。

老人福祉施設は，老人福祉法において表2－5のように構成される。

次に，医療・福祉施設のうち，病院についての概略を述べる。

病院とは病床数が20以上有する施設のことをいい，病床数が19以下の施設は診療所という。

表2－5 医療・福祉施設の分類

<table>
<tr><td colspan="2" rowspan="5">保健衛生</td><td>保健所</td></tr>
<tr><td>結核健康相談施設</td></tr>
<tr><td>精神保健相談施設</td></tr>
<tr><td>母子健康相談施設</td></tr>
<tr><td>その他の健康相談施設</td></tr>
<tr><td rowspan="9">医療</td><td rowspan="2">医療法による分類</td><td>病院</td></tr>
<tr><td>診療所</td></tr>
<tr><td rowspan="4">病床の種類による分類</td><td>一般病院</td></tr>
<tr><td>精神科病院</td></tr>
<tr><td>結核療養所</td></tr>
<tr><td>感染症病院</td></tr>
<tr><td rowspan="3">機能別による分類</td><td>特定機能病院</td></tr>
<tr><td>地域医療支援病院</td></tr>
<tr><td>上記以外の一般病院・診療所</td></tr>
<tr><td colspan="2" rowspan="7">老人福祉施設</td><td>老人デイサービスセンター</td></tr>
<tr><td>老人短期入所施設</td></tr>
<tr><td>養護老人ホーム</td></tr>
<tr><td>特別養護老人ホーム</td></tr>
<tr><td>軽費老人ホーム</td></tr>
<tr><td>老人福祉センター</td></tr>
<tr><td>老人介護福祉センター</td></tr>
</table>

一般病院のうち，長期にわたり療養を必要とする要介護認定された高齢者など患者を入院させる「療養型病床群」という病床もある。

また，機能別に見ると「一般病院・診療所」，一般医療機関よりも高度な医療設備や技術を持つ「特定機能病院（診療科10以上，病床数400以上等必要）」，それまでの総合病院に代わる「地域医療支援病院（病床数200以上）」の３つに分類することができる。

病院は医師による診療中心の考え方に立ち，病棟を診療科別に分けて計画されがちだが，現在では病院は治療の場というより看護の場であるという考え方に移りつつあり，入院患者の症状の程度による治療と看護の必要性に応じて入院患者を収容配置する方式の病棟計画をした病院が増えてきている。

(1) 病院の部門構成

病院の機構を建築計画的視点から見た場合，病棟・外来診療部・中央診療施設・管理部・サービス部の５部門に分けるのが一般的である（図２－11）。

1）**病棟**；患者を入院させて診療を行う部門で，病室と看護室などからなる。

2）**外来診療部**；患者を通院させて診療を行う部門である。救急部も外来診療部に包括させて考える。

3）**中央診療施設**；レントゲンなどの放射線部や検査部のような診断のための補助部門，手術部・分娩部，リハビリテーション部，中央材料室，特殊治療室のような特殊施設などを一括して中央診療施設という。

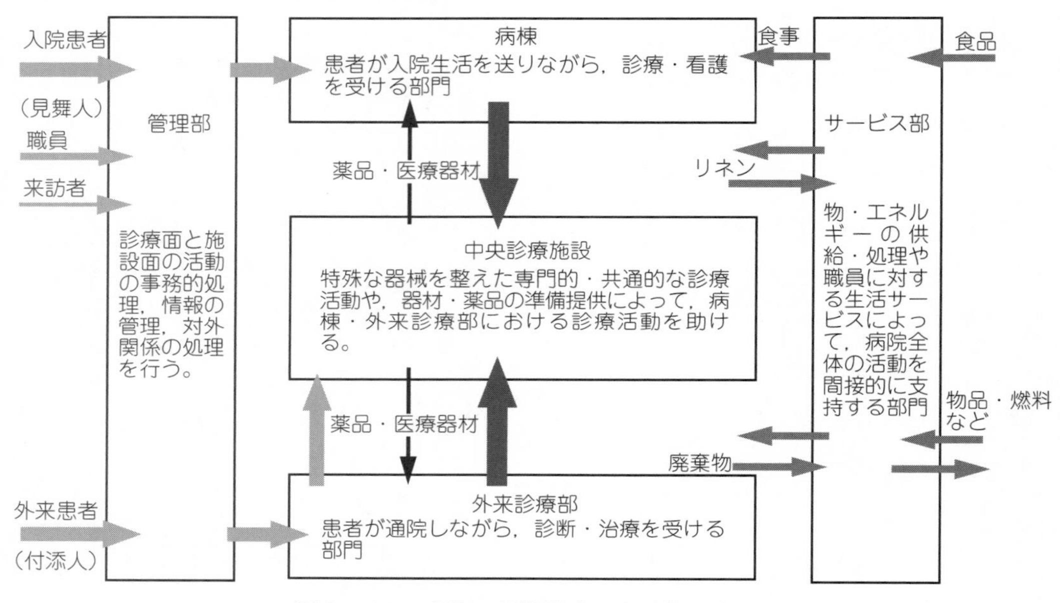

図２－11　病院の部門構成と人・物の動き

4）**管理部**；事務関係・医局関係を中心とする病院全体の管理・運営を行う部門である。

5）**サービス部**；給食・洗濯・営繕・厚生施設など生活を支える部門と機械・電気などエネルギー部門をまとめてサービス部という。

なお，各部門は相互に関連して配置されるが，病院ではその相互関係は人・物の動きで決められる面が特に強い。

(2) ブロックプランの基本型

ブロックプランは病院各部をどのように連結して建物を構成するかということと，敷地と建物をどのように調和させて屋外に必要な空間を確保するかということを中心に決定される。

1）**並列型**（渡り廊下型）；1～2階建の病棟を分棟にし，他を本館とサービス棟にまとめてそれらを渡り廊下で連結する（図2－12(a)）。

2）**病棟集約型**；狭い敷地条件に対応し，病棟を多様化して管理部・外来診療部・中央診療施設・サービス部から独立させる（図2－12(b)）。病棟以外を低層にまとめてその上に病棟を積み上げたものを基壇型という（図2－12(c)）。

3）**多翼型**；医療需要の変化，診療技術や設備の進歩・変化に対応するために病棟各部の増改築が容易にできるよう，部門ごとに建物を配置したもの（図2－12(d)）。

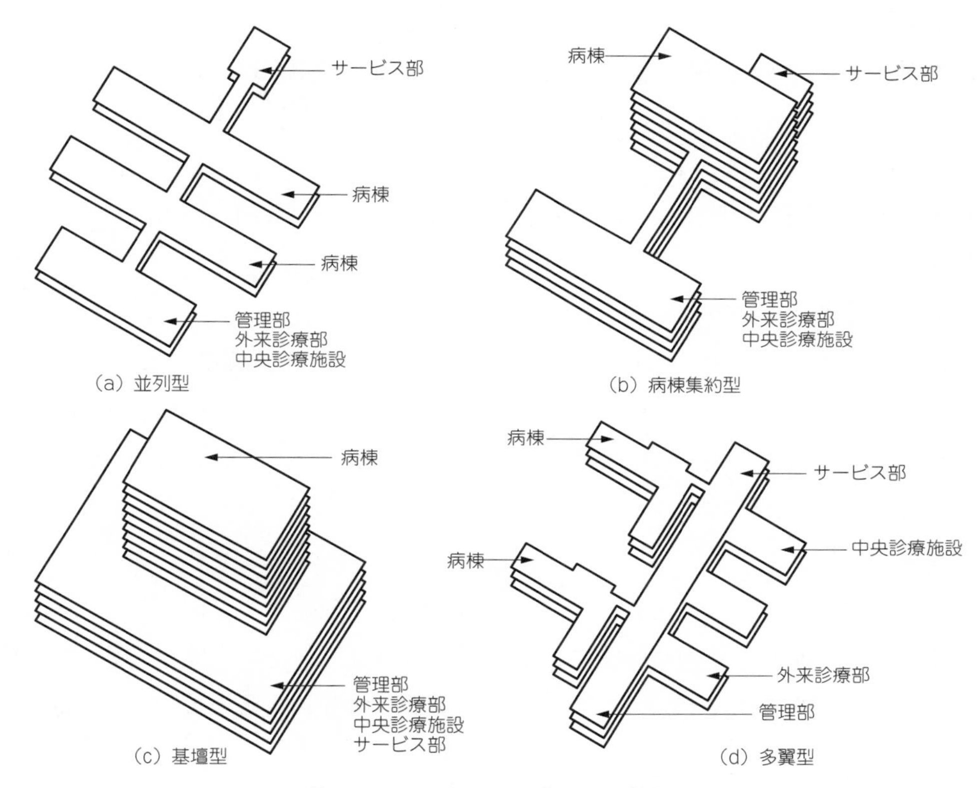

図2－12　ブロックプランの基本型

1．4　事務施設

地域社会における生産活動に関連する施設では，事務施設の割合が高い。ここでは，事務所ビルの建築計画について述べる。

(1)　事務所ビルの種類

事務所は，会社などのような組織が主に事務業務を行うために必要とする建物をいう。

事務所建築は，高度情報化社会への移行に伴い，単なる事務業務遂行の場としてのオフィスビルから，知的生産の場としてあらかじめ高度な情報通信機能などを整えておく**インテリジェントビル**へと変わってきている。

事務所ビルは大きく分けると次のようになる。

1）**専用事務所**；自己専用の事務所建築で「自社ビル」と呼ばれるもの。官公庁舎もこれに含まれる。

2）**貸事務所**；建物の全部，又は大部分を賃貸する事務所建築をいう。

（2） 事務所の企画

1）**全体計画**；敷地の配置計画及び敷地を含めた事務所建築全体の利用計画

2）**平面計画**；建物の規模，基準階平面，特殊階平面，避難経路など

3）**細部計画**；構造計画，廊下・階段などの寸法及びその位置，エレベーターの台数・大きさなど

4）**構造・設備計画**；構造法，空調設備，給排水設備，電気設備，情報通信設備，防火設備，防災設備など

（3） 敷地の選定

敷地の選定に当たっては，敷地そのものの状況（平面形状・高低差・土質など），道路（幅員など），法的条件，公共・公益施設（上下水道・電気・ガス・電話・ごみ処理など），交通条件，近隣への影響（日照・電波障害など）のほか，入居需要も十分調査し，整理して選定する必要がある。

（4） 規模計画

a．容 積 率

事務所建築は，従前の建築基準法によって高さ31m以内という「高さ制限」の枠の中で，土地を有効に利用するために，大規模事務所建築では中庭をとって敷地いっぱいに建てられていた（図２－13)。

昭和38年に「容積率制」へ法改正され，超高層ビルが建設されるようになって敷地内にオープンスペースを確保できるようになり，閉鎖的だった都市景観が開放的になってきた（図２－14)。

この容積率（延べ面積の敷地面積に対する割合）で延べ面積の上限が決まり，さらに道路斜線，隣地斜線などの斜線制限によって形態が制限され，敷地が防火地域として指定されていれば構造・材料にも制限を受けることになる。

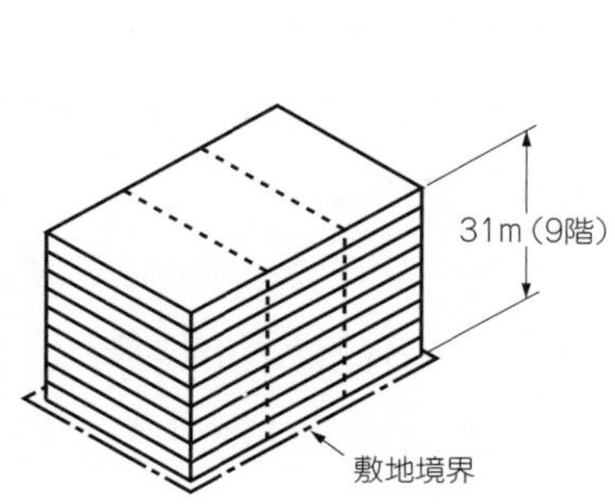

図2－13　高さ制限による形態の一例

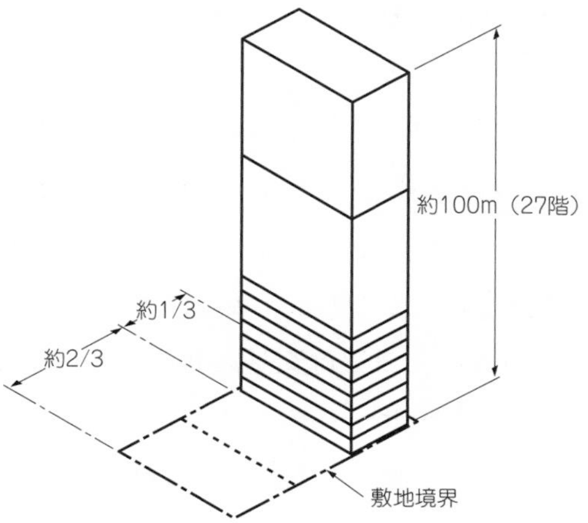

図2－14　容積率制による形態の一例

b．構成要素

事務所ビルの構成要素を大別すると次のようになる。

- 有効部分
  - 執　務――事務室，役員室
  - 情報交換――会議室，応接室
  - 情報管理――図書・資料・事務機室，コンピューター関係室，電話交換・電信・テレックス室
  - 厚生関係――更衣・休憩室，社員食堂関係，喫茶室，診療室
  - その他――貸店舗
- 共用部分
  - 交　通――玄関ホール，廊下，階段，エレベーター
  - サービス――洗面所，便所，湯沸室，倉庫，駐車場
  - 保守管理――管理事務室，防災センター，守衛，宿直室
  - 設備機械――中央監視室，機械室，電気室

c．有効比（レンタブル比）

事務所ビルの計画上，経済性を重視するために，有効部分は，できるだけ大きい方が好ましい。特に貸事務所の場合，収益に直接影響を与える重要な要素である。一般的に延べ床面積に対する貸室面積（収益部分）の割合である有効比は65～75％程度である。また，**基準階**（階が数階にわたって同一の平面をなしている場合の階）における貸し室面積の基準階床面積に対する割合を**基準階有効比**という。一般的に基準階有効比は75～85％程度である。

（5） 利用計画

a．平面寸法

事務所建築は，執務室をいかに快適な環境にするかが重要である。執務室はテナント（入居者）が変わったり，事務機構が変わるたびに室内の間仕切りやデスクの配置も変わるので，このような変化に柔軟に対応できるよう中高層以上の事務所建築の基準階プランは執務空間を広くとるために，サービス・交通・設備部分を１箇所にコアとしてまとめることが多い。**コア**は交通幹線（エレベーター・階段・ホール・廊下など）・防災設備スペース・共用サービススペース（便所・洗面所・湯沸室など）・各設備（給排水・電気・通信配管・空調ダクトなど）の縦シャフトスペースなどの重要な機能を持つものである。このコアと執務空間の寸法によって事務所ビルの平面寸法が規定される。なお柱割りは６～８ｍを基準寸法とすることが多い。

コアの部分は各階同一位置に壁があるので，構造上からは耐震壁としても有効となる。構造計画においては，コアの位置，構成が主要な要素となる。なお，建物の高層化や大スパンの柱のない空間を生み出すことができるようになって，オフィスレイアウトに多くの可能性が生まれた。

図２－15にコアタイプの種類と基準階平面図を示す。

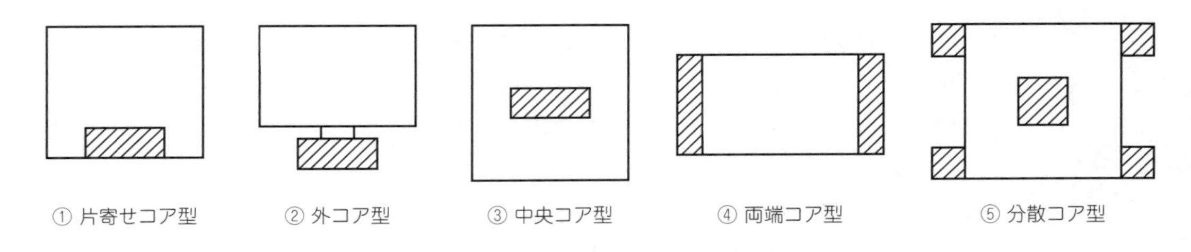

(a) コアタイプの種類

図2－15 コアタイプの種類と基準階平面図①

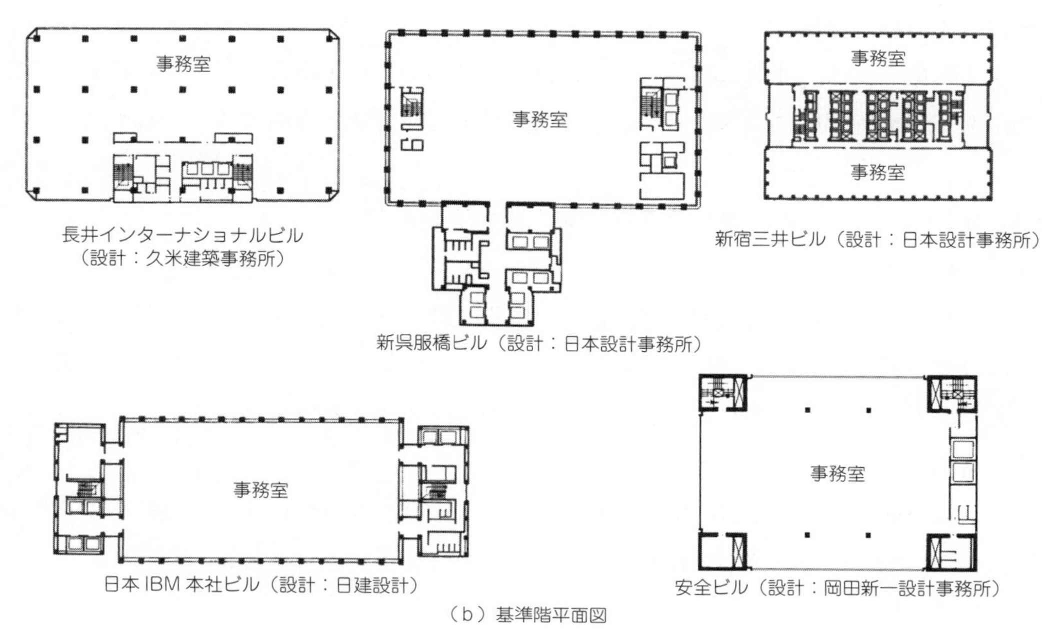

（b）基準階平面図

図2－15　コアタイプの種類と基準階平面図②

b．天井高・階高

事務所ビルの天井高は，経済性は考慮するものの，快適な事務空間を確保するために，梁は天井の中に収め，天井高を2.6m以上にすることが望ましい。また階高は，梁成（はりせい）やダクトなどの設備の寸法から決められ，3.5～3.7mが標準になっている。

c．エレベーター

エレベーターは事務所建築において動線の中心になるので，その計画は建築の目的に対し，建物内の交通需要予測を行い，それに基づいて最適のエレベーター群の仕様・台数（朝の通勤時5分間に集中して利用する人数を基本とする。）・配置・ロビー面積・ゾーニング（建物を何層かに分割し，各々の層にエレベーターのグループを割り当ててサービスさせること）を検討することである。台数の概算値として事務室面積2000～2500㎡に1台，又は300人～400人に1台とされる。なお，高さ31mを超える建物には，非常用エレベーターを設けることになっている。

d．駐 車 場

駐車場の台数計画では，各都道府県によって付置義務駐車台数が定められている。大規模ビルでは自走式の駐車場を地下に設置する場合が多く，中小ビルではさらに機械室やカーリフトを併用した自走式など，敷地の広さに応じた方式がとられる。

e．ビルの維持管理

ビルの維持管理は，計画当初から維持管理計画や必要人員組織を考慮し設計に盛り込む必要がある。維持管理の三本柱として，設備管理・清掃管理・警備業務といわれることが多い。

各業務の目的は，次のとおりである。

① 設備管理

建築物の各性能の達成のため，運転・監視及び日常点検・保守が行われる。(建築)設備は毎日同じ運転を行っているわけではなく，季節や利用状況にあわせ，効果的な設備機器の活用と制御を実施して，効率的なエネルギー消費に努める。

② 清掃管理

清掃を通して内外装材の延命を図り，また人の衛生性，健康性，快適性や安全性の確保を目的とした建築物の良好な環境をつくる重要な行為である。

③ 警備業務

建築物内の盗難等の事件や，人の生命もしくは身体への危険や，財産に損害を及ぼす犯罪，事故その他の危険な事態の発生を警戒し，防止し，建築物の使用者，利用者に安全な環境を提供する。

f．防災計画

事務所ビルの場合，地上数十メートルの場所で多くの人が滞在しているため，計画上，各ゾーン・各階・各ブロックごとに何重にも安全対策を講じ，非常時の滞在者のパニック対策も含め，災害の拡大を防ぐことが必要になる。

最近の高層事務所建築は，敷地内にオープンスペースを設けており，災害時の一時避難場所となり得る条件を備えている。事務所内の防災計画以外にもガラス・タイル・カーテンウォールなどの落下がないよう建物周辺における安全性も考慮しなければならない。

g．コスト計画

事務所ビルの計画の中で，平面計画では有効比の高い設計であること，また構造計画，設備計画では安全性・機能性や快適性の要求を十分に満たしながら単純な平面計画を採用したり，外壁面を少なくするなど経済的な設計であることが要求される。

また，汚れにくく，清掃しやすい材料の選定，施工法の選択，また維持管理や電気・ガス・水道・空調などのエネルギー費用，清掃・補修費などランニングコストについても十分検討し，総合的な経済性のコスト計画に努めなければならない。

第2節 構造形式による種類

2．1 建築物と構造

建築物は人間や物品を格納して，地震・雪・風などの外力に対しても，十分に安全であることが必要である。そのためには，空間を構成する具体的な部材についての材料の選び方や組み立てる方法など，構法及び構造について工夫することが大切である。

一般に，建築物を大きく分けると次のようになる（図2－16)。

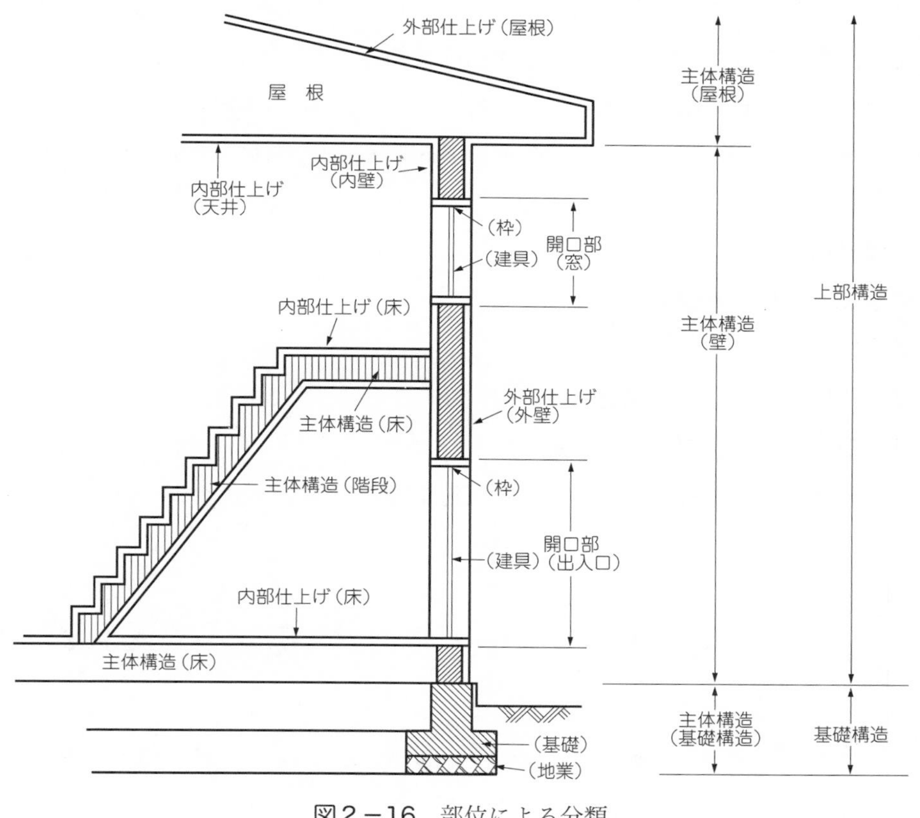

図2－16 部位による分類

a．主体構造

建築物自体の重量（固定荷重）と積載物の重量（積載荷重）を支持して，地震力・風荷重などの外力にも安全に耐えることがその役割である。柱・梁・トラス・床組・耐力壁・基礎などが主体構造部である。

b．一般構造

屋根・床・壁体を構成して，内外部を区画し，水・熱・音の遮断，震害・風害を防ぐなど，建築物の性能を発揮させるために必要な部分である。仕上げのための下地部分を含む仕上げ部を総称して一般構造部という。

2．2　建築構造の分類

（1）　構造材料による分類

建築物を造るとき，何によって造るかということを初めに考える。古来，メソポタミア地方で日干し煉瓦（れんが），ギリシャでは石材が主な構造材料であった。そしてわが国では，木材が豊富であったために木材を構造材料として，木造建築が発達した。今日，どのような構造材料を使用するかは，材料の性質と建築物の使用目的によって要求される空間の大小，防災性能（耐震・耐風・耐火），耐久性，経済性などを考慮して決定される。

建築物の構造は，柱・梁・壁などの主要な骨組みに用いられている材料により，次のように大別できる。

① 木質構造
② 鉄筋コンクリート構造
③ 鉄骨構造
④ 鉄骨鉄筋コンクリート構造
⑤ 補強コンクリートブロック構造

また，この分類によるわが国の最近の着工建築物の構成は，図２－17のとおりとなる。

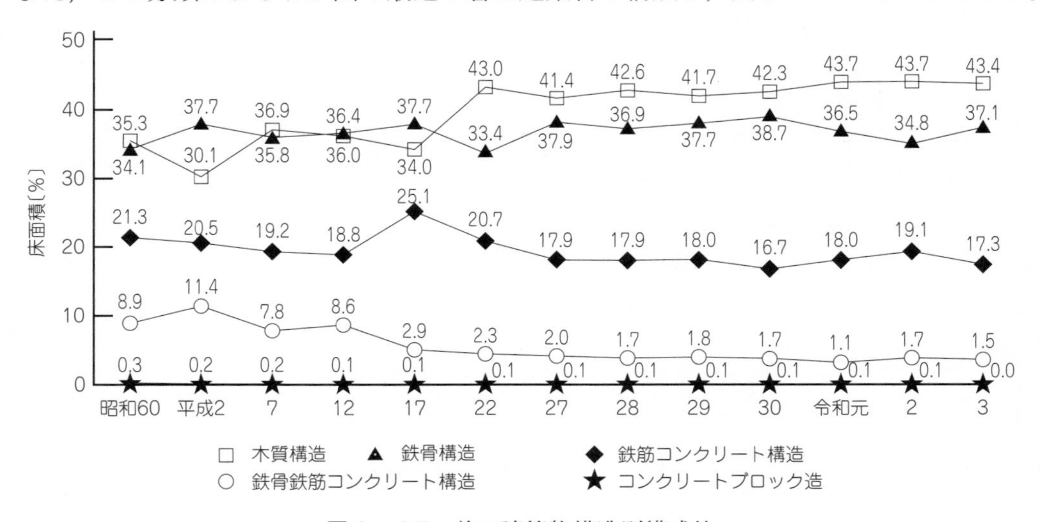

図２－17　着工建築物構造別構成比

(2) 構造方法による分類

建築物を構造方法別に分類すると次のとおりである。

a．組積式構造

個々の材料を積み上げて壁体をつくる方法で，壁が構造体となるために壁厚が大きくなり，窓・出入口などの開口部を大きく取ることが難しい。耐震性能の問題があるので，今日，組積式と考えられるものは補強コンクリートブロック構造だけであって，煉瓦構造・石構造はすでに過去のものである。

b．架構式構造

木材や鋼材のように細長い材料を組み合わせて骨組みを構成するもので，各部材の組合せ方と接合方法によって建築物の強度に影響するところが大きい。小規模の木造建築物から超高層の鉄骨構造にいたるまで，用いられる範囲はきわめて広い。

c．一体式構造

構造体を，鋳型としてつくられた型枠に打ち込んでつくるもので，各部が連続性を持って一体化することが構造としての特徴となる。鉄筋コンクリート構造のように，梁・柱・壁の全てが連続性を持ち，一体化した構造である。

2．3 木質構造

(1) 概　説

木質構造とは，製材のほか，合板・集成材・各種の木質系ボード類などに代表される木材加工品を構造用部材として使用する構造物の総称である。

古来，わが国には木材を使用した伝統的な構法があり，木構造と呼ばれていた。近年，新しい木質材料などの出現と相まって今までと異なる構法による構造が出現してきており，伝統的な構法による構造と新しい構法による構造とを含めた木質構造という名称が用いられるようになった。

現在，わが国にある木質構造物を構法により分類すると図2－18のようになるが，広く行われている構法は，在来軸組構法（図2－19），枠組壁工法及び木質プレハブ工法の3種である。

なお，木質構造により建てられる建築物のことを総称して，木造建築物と呼ぶ。

木質構造
- 在来軸組構法
- 枠組壁工法
- 木質プレハブ工法
- 大断面集成材による建築
- 丸太組構法
- CLT（Cross Laminated Timber）工法

図２－18　木質構造の分類

図２－19　木造建築物

（２）　木質構造の特徴

一般に，木質構造は，次のような特徴を持っている。まず，長所としては，以下のことがあげられる。

① 材料の自重が小さいので，構造体の軽量化に役立つ。
② 加工しやすく，工期が短縮できる。
③ 工費が比較的安価である。
④ わが国の気候条件に適している。
⑤ 移築・改造・解体が容易である。

また，短所としては，以下のことがあげられる。

① 木材は，天然材料であるので，そのままで使用する場合は，材料の形状・寸法に限界がある。
② 従来の仕口・継手では，部材の接合部を剛にすることは困難である。
③ 耐火性に劣る。
④ 腐朽・虫害を受けやすい。
⑤ 高層建築物には不適当な構造体である。

（３）　木質構造の構造形式

ａ．在来軸組構法（図２－20）

在来軸組構法は，長い伝統を持っているが，現代の在来軸組構法が古くからの伝統的な構法をそのまま受け継いでいるということではない。すなわち，現代の在来軸組構法は，伝統に立脚しながら，時代の変化に対応し，さまざまな改良・合理化の過程を経てできあがったものである。

在来軸組構法には，図２－20に示すように，昭和に普及した**和風構造と洋風構造**がある。和風構造は，わが国の気候・風土に適した木材の特質を生かし，伝統的に発達した構造形

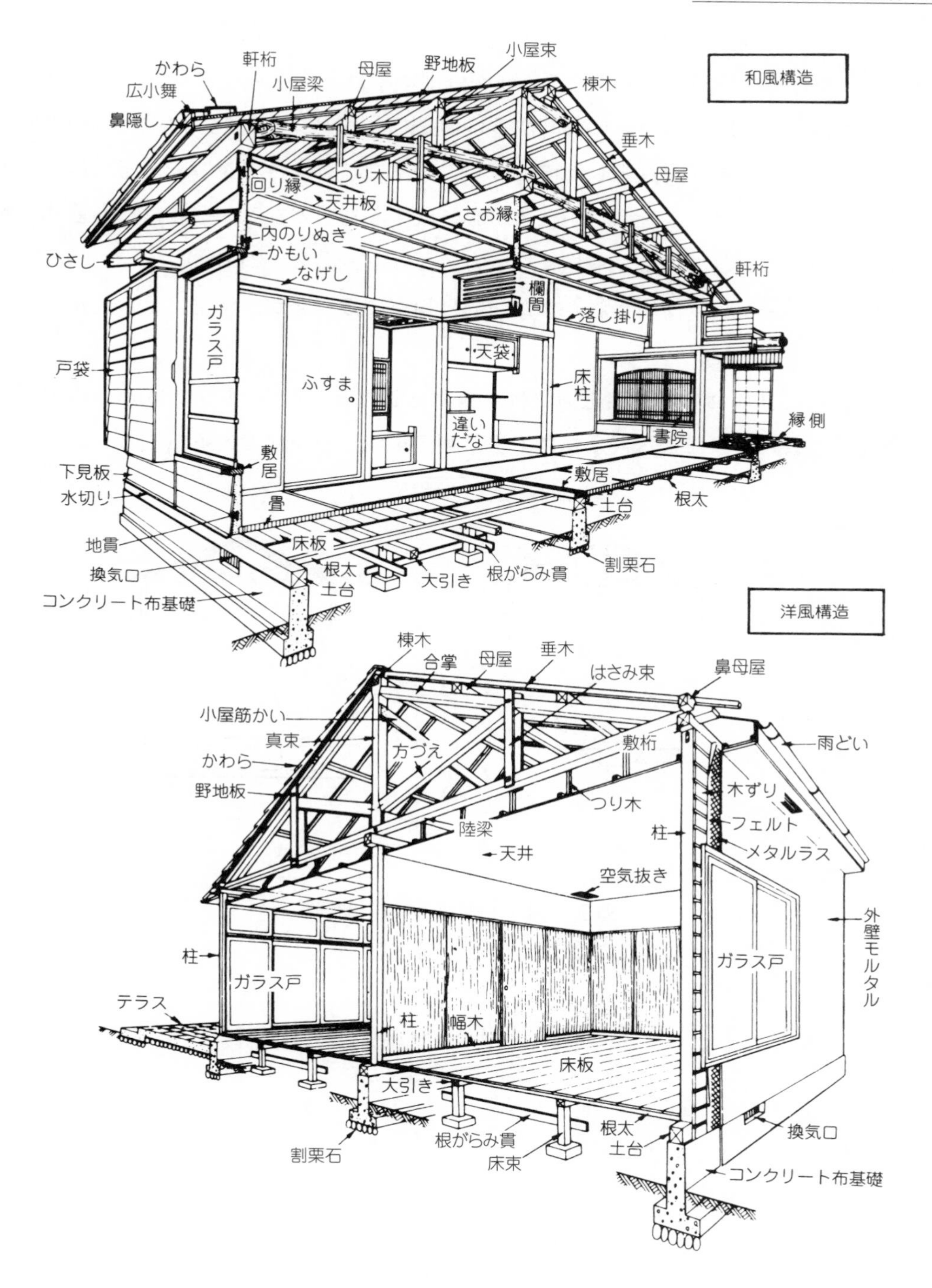

図2－20 昭和の在来軸組構法

式である。小屋組は，**和小屋**と呼ばれ，小屋梁に束（つか）を立てて屋根骨組とする。壁体は，**真壁式**と呼ばれ，壁が柱の心に収まって，柱が外部から見える方式となる（図２－21(a))。一方，洋風構造は，明治維新後に西欧から移植されたものであるが，その後，和風構造と融合して，今日では和洋を折衷した構造として採用される場合が多い。小屋組は，洋小屋（又はトラス）と呼ばれ，各部材が三角形を構成する骨組となる。壁体は，**大壁式**と呼ばれ，柱が壁の中に隠れて外部から見えない方式となる（図２－21(b))。

住宅では和小屋が多く使用され，また，壁は和室には真壁が，洋室には大壁が多用されている。

現在一般的に見られる在来軸組構法は，根太を省略し，厚さ24～28mmの構造用合板を直接大引きや床張りに張る根太レス工法（剛床工法）が主流である（図２－22)。

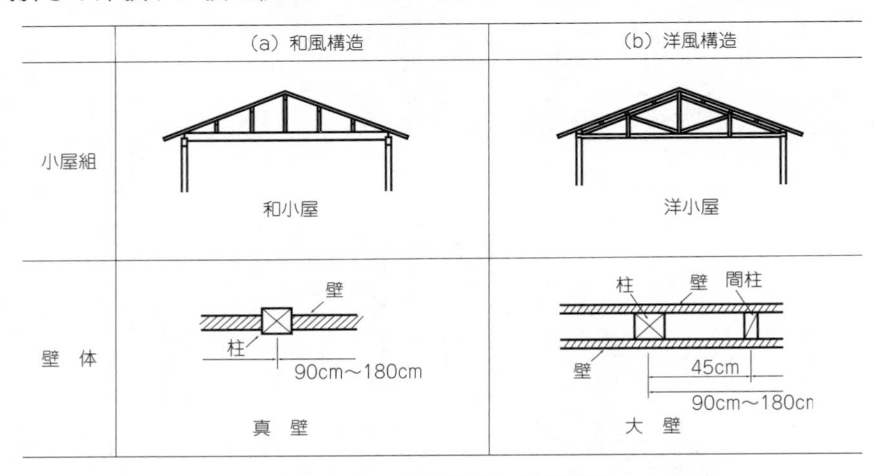

図２－21　和風構造と洋風構造

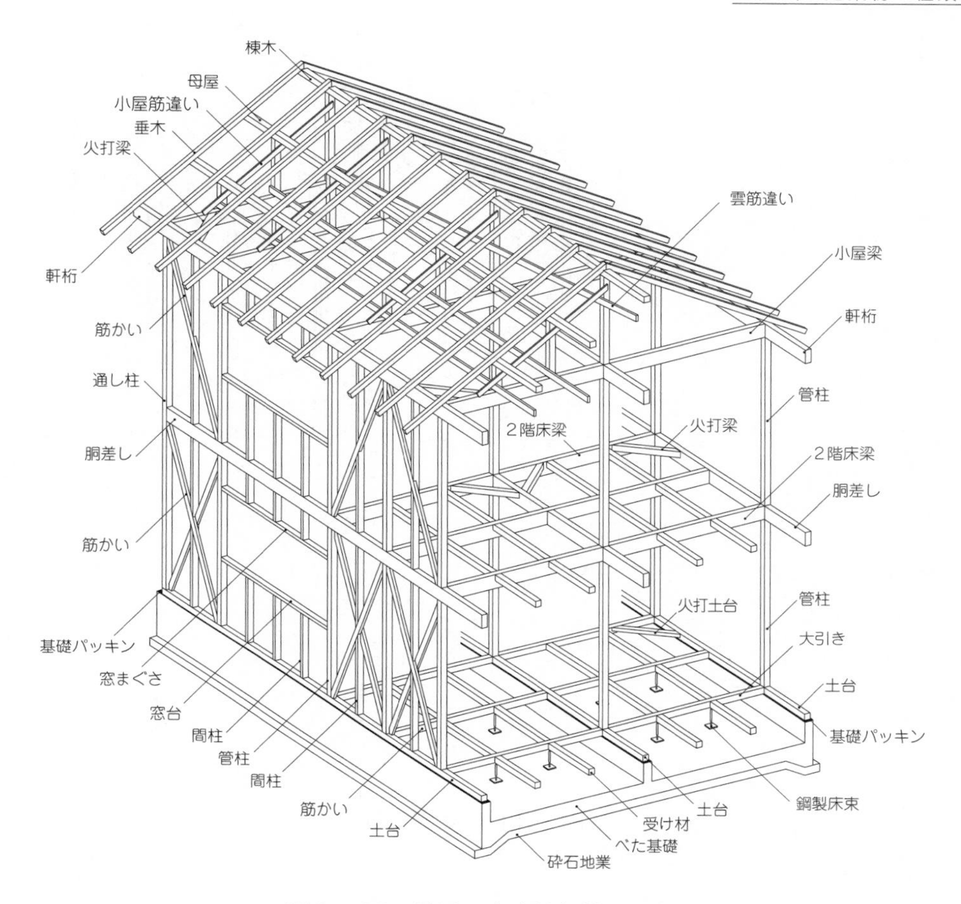

図2－22 最近の在来軸組構法の例

b．枠組壁工法

枠組壁工法は，昭和49年建設省告示により，在来軸組構法と同様な一般的構法として認められた木造構法である（図2－23)。北米の伝統的かつ一般的な工法であるプラットフォーム工法を採り入れたもので，**ツーバイフォー工法**とも呼ばれ，床版と耐力壁により建物全体を一体化し，一種の箱をつくることを基本とした工法である。

主な特徴として，次のことがあげられる。

① 基本的には，大壁式構造である。

② 構造耐力上使用される木材の断面寸法の種類が少なく，また断面寸法の規格は北米の規格と同じなので，北米の製材品をそのまま使用できる。

③ 構造部材組立ての仕口・継手が簡単で，くぎ・金物によって緊結する。

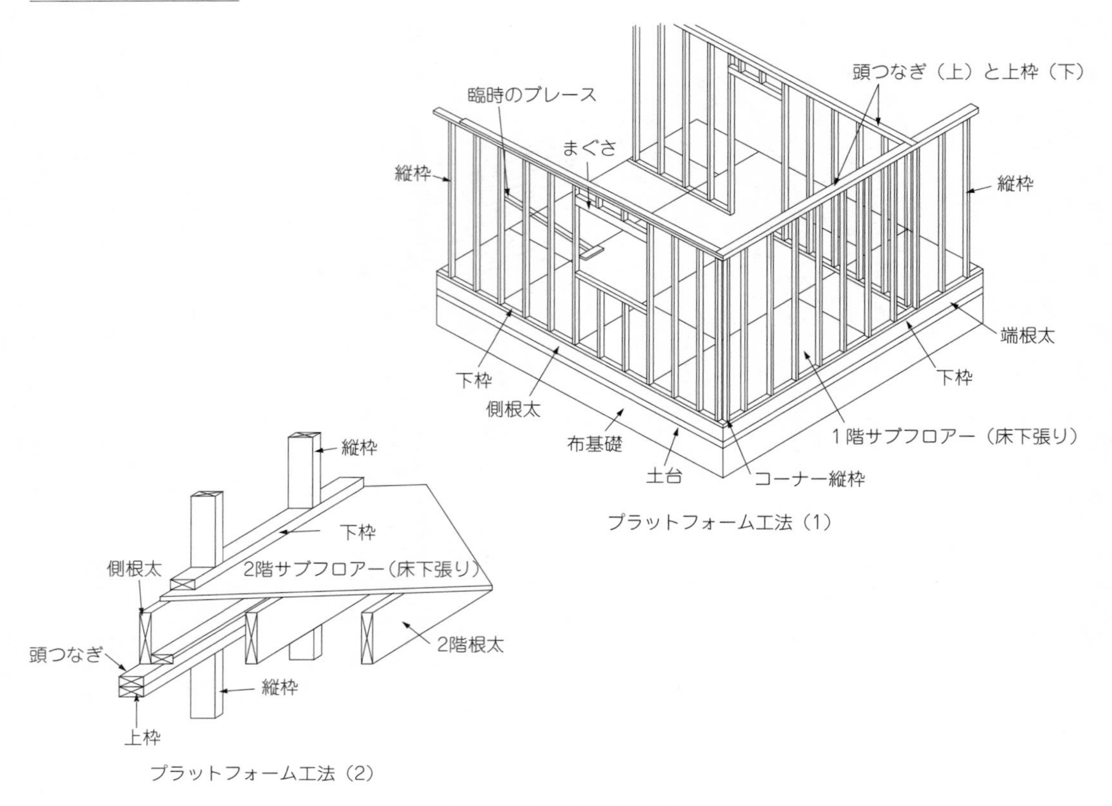

図2－23　枠組壁工法

c．木質プレハブ工法（図２－24）

プレハブという言葉は，英語のプレファブリケーション（Prefabrication：あらかじめつくる）という言葉の略語からできた日本語である。プレハブ工法とは，工場であらかじめつくられた建築構成材を建築現場で組み立てる構造方法のことをいう。特に木質プレハブ工法とは，住宅の主要構造部の壁，床，屋根，階段などをあらかじめ工場で生産し，現場で組み立てる建築工法のことである。この工法は大工の腕に影響されがちな部分を，工場生産にすることで精度や品質を安定して生産することができるというメリットがある。

図2－24　木質プレハブ工法

木質プレハブ工法の中に木質パネル接着工法という工法がある。これは柱・梁を使用せずに床・壁のパネルとパネルを接着剤で接合し，箱型を形成する工法である。

d．大断面集成材による建築

主要な構造部分に集成材を用いた構造を集成材構造という。集成材構造には，大断面通直集成材を柱・梁に用いる形式（ポストアンドビーム式）や湾曲集成材を用いたアーチ形式（図2－25），ドーム形式などがある。近年は住宅の梁・柱などの構造材や敷居・鴨居などの造作材にも集成材が使用されている。

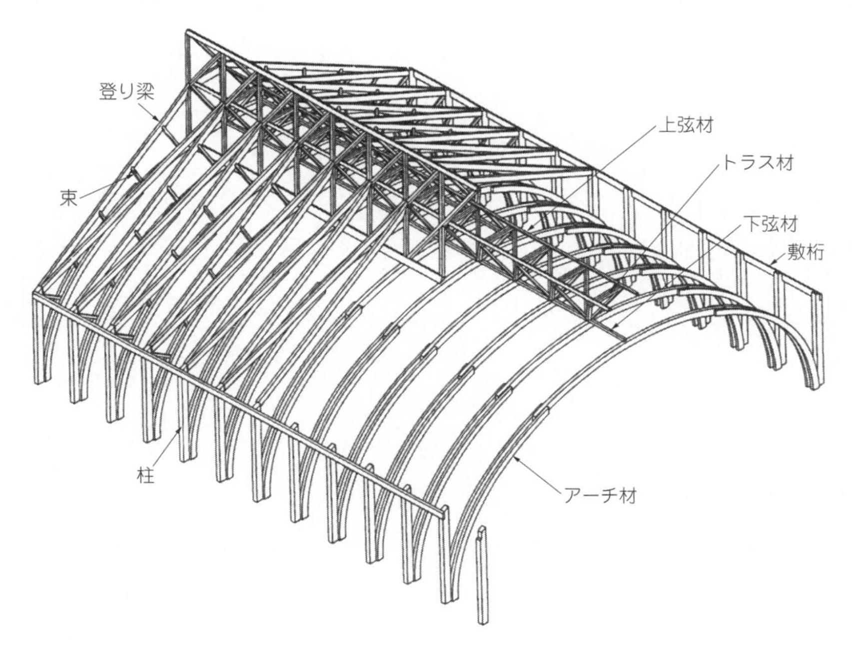

図2－25　アーチ形式の集成材構造

1）集成材構造の構造形式

集成材はその形状により通直集成材（図２－26(a)）と湾曲集成材（図２－26(b)）に分けられる。前者は直線状の材，後者は湾曲状の材をいう。これらを用いて構成される集成材構造の主な骨組形式は次のように分けられる。

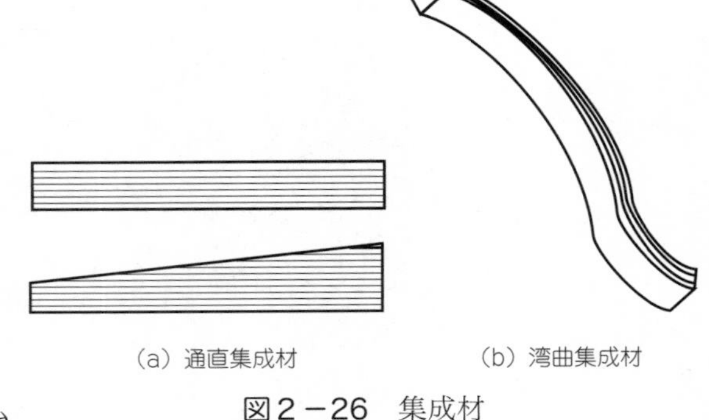

(a) 通直集成材　(b) 湾曲集成材

図２－26　集成材

① ポストアンドビーム形式のフレーム
② 山形ラーメン
③ アーチ
④ シェル
⑤ 立体トラス

これらの骨組構成形式は鉄骨構造（図２－33）のものと変わらない。

2）集成材構造の特徴

集成材構造の建築物は，大きな空間・大きなスパンが得られる。また集成材自身の特徴としては，次の点があげられる。

① 断面の形状や寸法，湾曲など自由な部材をつくり出すことができる。
② 天然木にある節，割れなどの欠点を少なくして積層するので，品質が比較的均一である。
③ 反り，ねじれなどの木のくせを少なくすることができる。
④ 大断面の集成材は火災にあっても表面が炭化することで部材内部までの燃焼を防ぎ，構造上の安全性を確保することができる。

2．4　鉄筋コンクリート（RC）構造

(1)　概　説

鉄筋コンクリート構造（図２－27）は，鉄筋とコンクリートの両方の利点を組み合わせ，互いの欠点を補った構造である（図２－28)。コンクリートは，圧縮強度が大きく，耐久性・耐火性の材料であり，型枠に流し込むことにより（図２－29）自由な形をつくることができる。その反面，引張り，曲げに対して弱いという大きな欠点がある。一方，鉄筋は，引張強度はきわめて大きいが，耐火性がなく，空気中にそのままではさびを生ずる。そこで，コンクリートの引張強度を増すために鉄筋を使用する。一方，鉄筋は，コン

クリートで覆われるためにさびの発生を防ぐことができ，火災からも守られる。コンクリートと鉄筋の熱膨張性質が似ていることなど，組合せに都合のよい条件がそろっているので，今日では，多くの建築物に用いられている。

図2－27　鉄筋コンクリート構造

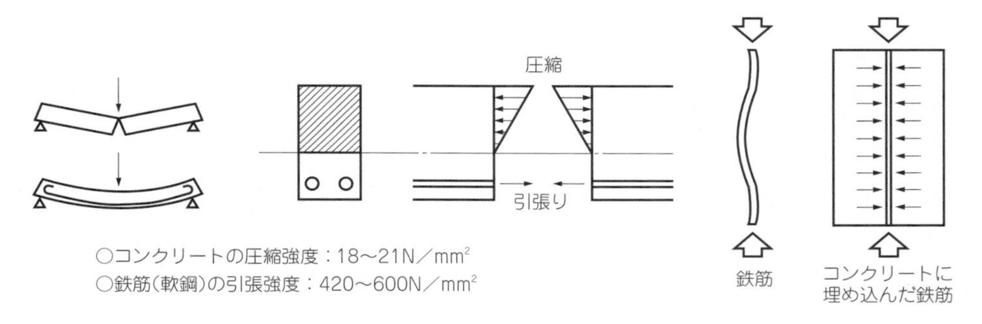

図2－28　コンクリートと鉄筋

図2－29　鉄筋コンクリート構造のコンクリート打設工事

（2）　鉄筋コンクリート構造の特徴

鉄筋コンクリート構造は，次のような特徴を持っている。まず，長所としては，以下のことがあげられる。

①　耐火性，耐久性，耐震性が優れている。

② 一体式構造であるから，意匠的に自由な構成が可能である。

また，短所としては，以下のことがあげられる。

① 構造体の自重が大きい。

② 現場施工の部分が多いので，工期が長く，天候にも左右されやすい。

③ 移築，解体が困難である。

(3) 鉄筋コンクリート構造の構造形式

鉄筋コンクリート構造には，次のような構造形式がある。

a．ラーメン構造（図２－30(a)）

主として柱と梁で構成する構造形式である。しかし，施工上は，床と壁を同時にコンクリートを打設し，一体として構成される。このラーメン構造は，鉄筋コンクリート構造のなかでも最も多く用いられる形式である。

b．壁式構造（図２－30(b)）

耐力壁と床で構成する構造形式である。この構造形式の特徴は，柱・梁を持たないので，柱型・梁型が建築物の内外に出ないことである。したがって，内部空間を効率よく利用できることから，住宅などの建築物に多く採用される。しかし，建築物を高層にするには不向きな構造であるため，低・中層の構造として用いられる。

c．フラットスラブ構造（図２－30(c)）

主として柱と床で構成する構造形式である。この形式は，梁がないので鉄筋コンクリートの床がじかに荷重を負担することになる。しかし，梁型が出ないので，階高を有効に利用できるという利点がある。

d．シェル構造（図２－30(d)）

シェル，すなわち貝殻のような曲面版は，圧力や曲げに強いので，大きな内部空間が必要な場合に適した構造形式といえる。

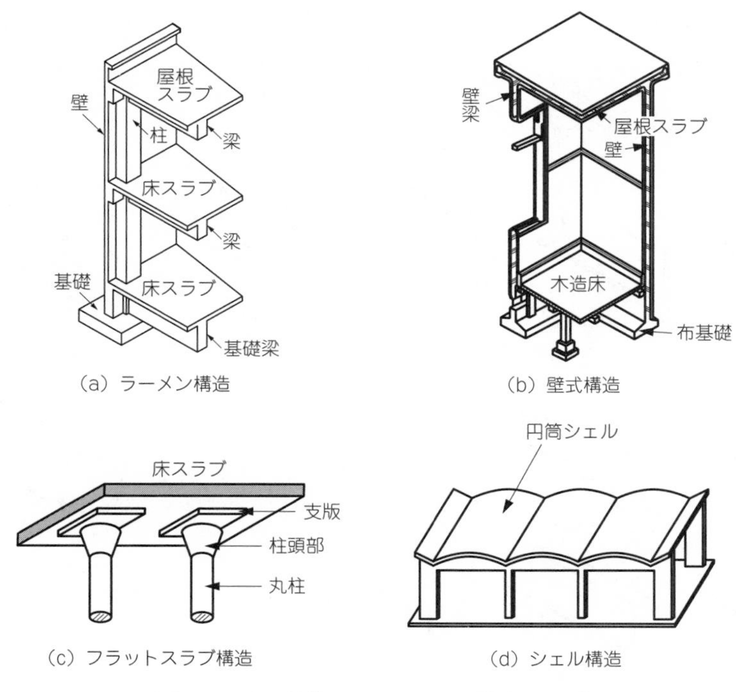

図2－30　鉄筋コンクリート構造の形式

2．5　鉄骨（S）構造（図2－31）

図2－31　鉄骨構造

(1)　概　　説

鉄骨構造は，**山形鋼・溝形鋼・I形鋼**などの普通形鋼や，**H形鋼・平鋼・鋼板・鋼管・軽量形鋼**などの鋼材（図2－32）を使って柱や梁などの部材とし，組み立てた構造である。このように鋼材を骨組みの部材とする鉄骨構造では，部材の接合部は全て溶接・ボルト・リベットのいずれかによるが，主体構造部は，溶接又は締め付け力の大きい高力ボルトで接合される方法が主流である。

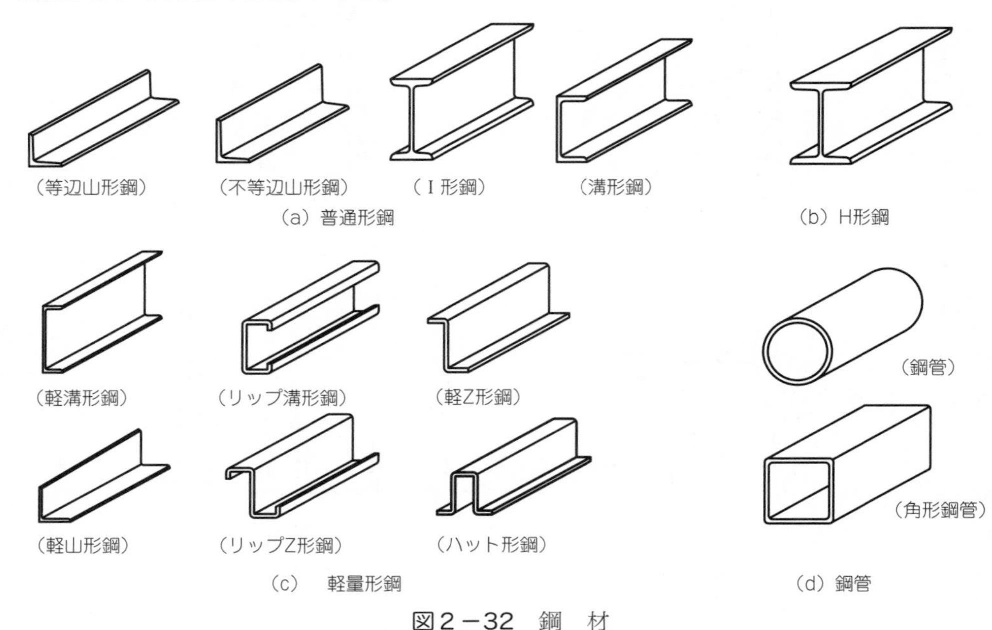

図２－32 鋼 材

鉄骨構造は鉄筋コンクリート構造ほど重量は大きくなく，構造的な強度が大きいので，細い部材でも大空間を支えることができる。このため，大きな小屋組をつくったり，大きな梁間を必要とするような用途に適している。ただ，鋼材を構造材とするために耐火性がなく，腐食しやすいという欠点があり，可燃物を置く建物や化学工場などには不向きである。

また，構造的には，**座屈**（ざくつ）*に対しても不利であるため，部材断面の大きさについては座屈に対する考慮も必要となる。

最近では，一般のビル建築にも鉄骨構造が増えている。これは，鋼材に耐火被覆を施すことにより，耐火性能を持たせ，**カーテンウォール工法**などの採用により，工期の短縮化が図られ，丈夫で経済的であるという利点があるからである。超高層ビルも多くは鉄骨構造である。

（2） 鉄骨構造の構造形式

鉄骨構造は，構造形式別に見ると**ラーメン構造**と**トラス構造**に大別される。ラーメン構

＊ 座屈：細長い棒や薄い板などを圧縮すると，ある荷重において突然横方向にたわみを生じ，以後たわみが急激に増大する現象をいう。

造は，柱と梁を剛に接合して構造体を構成するものであり，トラス構造は，三角形に組んだ短材で柱や梁を構成し，構造体をつくるものである（図２－33)。

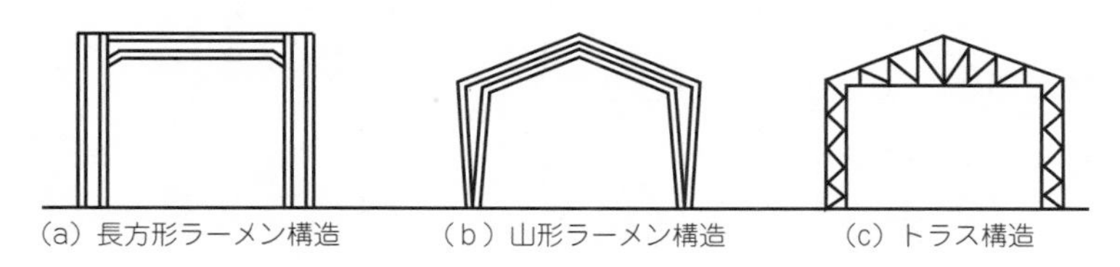

図２－33　鉄骨構造の形式

また，特に厚さ６mm以下の薄い鋼板をC形・L形に加工して，曲がりにくい断面にした形鋼（**軽量形鋼**）を部材とし，建築物の軽量化，低廉化を図ったものを軽量鉄骨構造（**軽量鋼構造**又は**薄板鋼構造**ともいう。）という。この構造は，住宅をはじめとして，小規模の建築物など多方面に用いられている（図２－34)。

図２－34　軽量鉄骨構造住宅

（3）　鉄骨構造の特徴

鉄骨構造は一般的には，次のような特徴を持っている。

まず，長所としては，以下のことがあげられる。

①　鉄骨構造に用いる鋼材は，引張力，圧縮力などに強い。したがって，大きな内部空間を構成することができる。

②　鋼材は，材質が均一であり，加工性に富む。

③　鉄筋コンクリート構造に比べて軽量であるため，高層建築の骨組みに適する。

短所としては，以下のことがあげられる。

①　耐火性がなく，温度上昇によって，強度が急激に落ちる。したがって，必要に応じて耐火被覆をしなければならない。

②　腐食しやすいので，さび止めの塗装をしなければならない。

特に軽量鉄骨構造の特徴をあげると，次のとおりである。

まず，長所としては，以下のことがあげられる。

① 構造体が軽量である。したがって，基礎部への負担が少ない。

② 構造部材の運搬・加工・組立が容易である。

③ 軽快な意匠が期待できる。

短所としては，以下のことがあげられる。

① 材厚が薄いので，座屈やねじれに対する耐力が小さい。

② 腐食による影響が普通鋼材に比べて大きいので，さび止め塗装をしなければならない。

近年，鉄骨構造の鋼管柱部分の内部にコンクリートを充填するコンクリート充填鋼管構造（CFT構造）がある。これは従来の鉄骨の柱に比べて座屈強度・耐火性能に優れる点や，型枠が省力化できるので従来の鉄筋コンクリート造の柱に比べ経済的というメリットがある。

2．6 鉄骨鉄筋コンクリート（SRC）構造

（1） 概 説

わが国の鉄骨鉄筋コンクリート構造は，鉄筋コンクリート構造が移入された時点から始まっており，その歴史は鉄筋コンクリート構造とほぼ等しい。初期においては，鉄骨骨組みの耐火被覆としてコンクリートが使用され，壁は煉瓦又はブロックを用いて帳壁とした。関東地震の試練の結果，その粘り強さが認められて，欠点とされた煉瓦造帳壁柱被覆を鉄筋コンクリート造に改め，鉄骨鉄筋コンクリート構造と名づけられて，おおむね6階以上の高層建築物，大梁間架構を内部に持つ建築物などの構造として発展した。

（2） 鉄骨鉄筋コンクリート構造の構造形式

鉄骨鉄筋コンクリート構造は，鉄骨構造と鉄筋コンクリート構造の折衷形式と考えることができる。鉄筋コンクリート構造の剛性に鉄骨構造の粘りを加えた性質を持っているので，耐震性能の向上には著しいものがある。鉄骨鉄筋コンクリート構造の部材は，鉄骨を取り巻くように鉄筋を配置してコンクリートを打ち込んである（図2－35）ので，外観上は鉄筋コンクリート構造と見分けがつきにくい（図2－36）。一般に，鉄筋コンクリート構造は5階建ぐらいまで，鉄骨鉄筋コンクリート構造は6階から15階建くらいまで，それ以上は鉄骨構造が適していると考えられる。

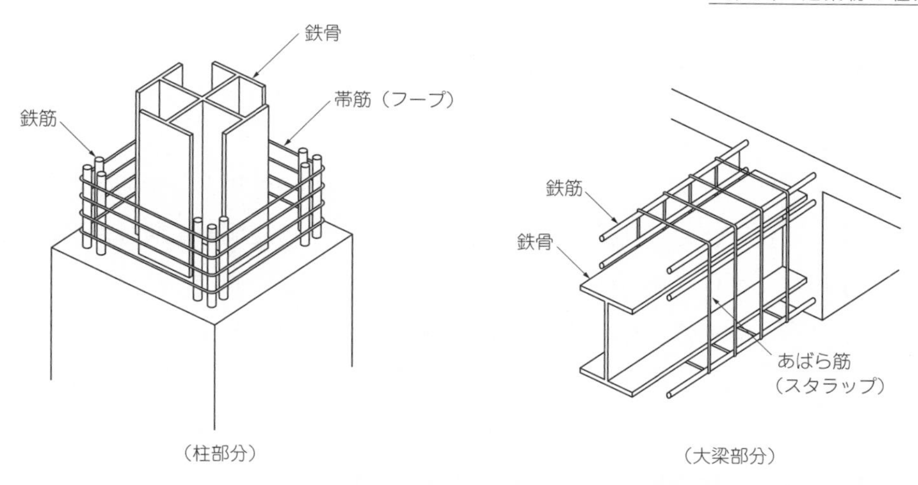

図2－35　鉄骨鉄筋コンクリート構造の部材断面

図2－36　鉄骨鉄筋コンクリート構造

（3）　鉄骨鉄筋コンクリート構造の特徴

鉄骨鉄筋コンクリート構造は，一般的には次のような特徴を持っている。まず，長所としては，以下のことがあげられる。

①　鋼材を鉄筋コンクリートで被覆してあるので，耐久性・耐火性がある。

②　鋼材に座屈が生じにくい。

③　曲げ・圧縮などの応力に対する抵抗性能が大きく，部材の断面を小さくできる。

また，短所としては，以下のようなことがあげられる。

①　柱・梁の接合部において，鉄骨と鉄筋の配置設計が難しい。

②　鋼材量が増えるので，経済性という点から見れば割高になる。

2．7　補強コンクリートブロック構造

(1)　概　　説

コンクリートブロックは，アメリカで約百数年前に煉瓦の代用として開発されたものである。その後，改良されて，軽量化と鉄筋を挿入するための空洞部を設けた形状に発達した。それによって，ブロック造は，地震に弱い組積造の性質を脱皮し，ブロックの空洞部を鉄筋コンクリートで補強した耐震性に優れた**補強コンクリートブロック造**になった（図2－37）。また最近では，研究改善された新しい型の型枠ブロック（図2－38）が製造され，各地で型枠コンクリートブロック造の建物が次第に普及しつつある。

図2－37　補強コンクリートブロック構造

図2－38　型枠ブロック（H型）

(2)　補強コンクリートブロック構造の構造形式

補強コンクリートブロック構造による建築物や工作物を大別すると，図2－39のようになる。

- 補強コンクリートブロック構造
  - 空洞コンクリートブロック
    - 補強コンクリートブロック造
    - コンクリートブロック造帳壁
    - コンクリートブロック塀
  - 型枠コンクリートブロック
    - 型枠コンクリートブロック造

図2－39　補強コンクリートブロック構造の分類

a．補強コンクリートブロック造（図2－37，40）

空洞コンクリートブロックをモルタルで接着しながら積み上げて壁体をつくり，空洞部に鉄筋を入れ，コンクリートを充填し，補強する構造である。この壁で建物の自重や建物

の中の積載物の重量を支え，地震力を受け止めて建築物を安全にする。

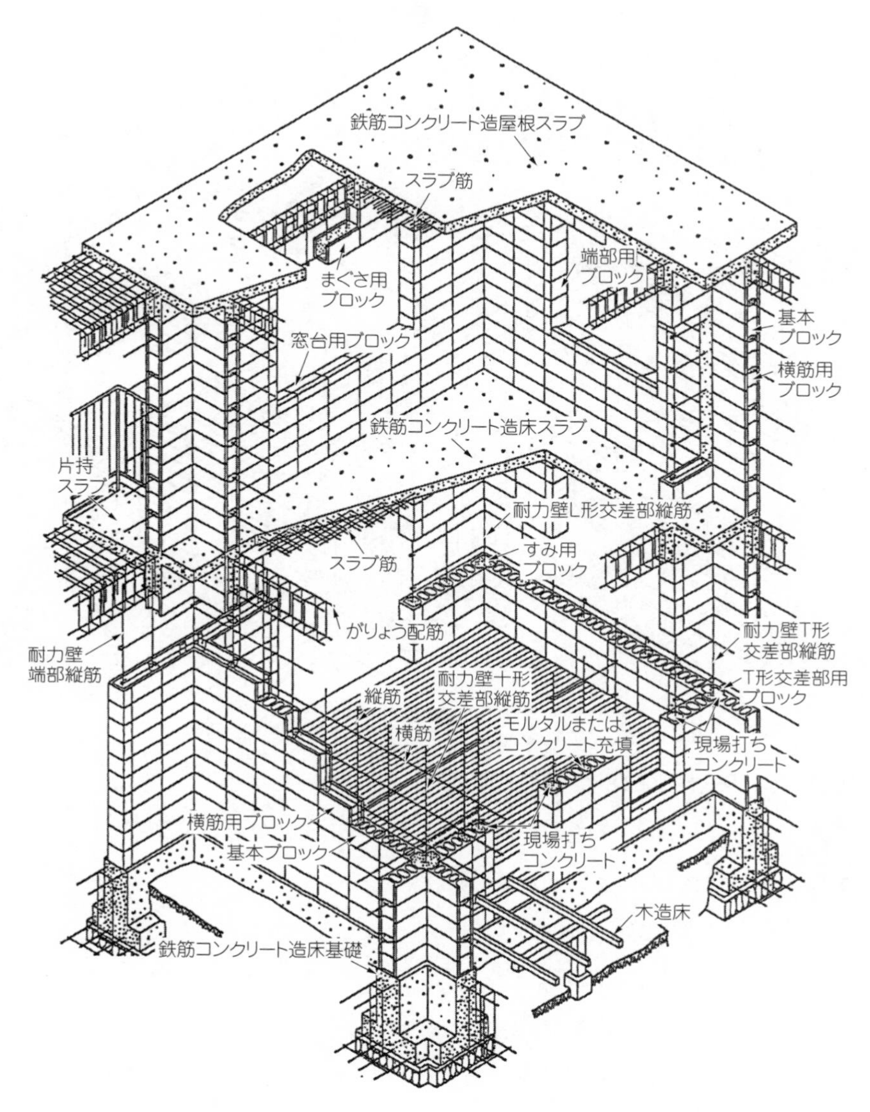

図2－40　補強コンクリートブロック造（2階建）

b．型枠コンクリートブロック造（図2－41）

型枠コンクリートブロック造は，補強コンクリートブロック造のように組積しながら，鉄筋で補強して壁体を構成する構造法とは異なる。すなわち，コンクリートブロックを組み合わせ，それ自体を型枠とし，それらの中空部に鉄筋を配置し，コンクリートを打ち込んでブロックを含んだ耐力壁を構成する構造である。

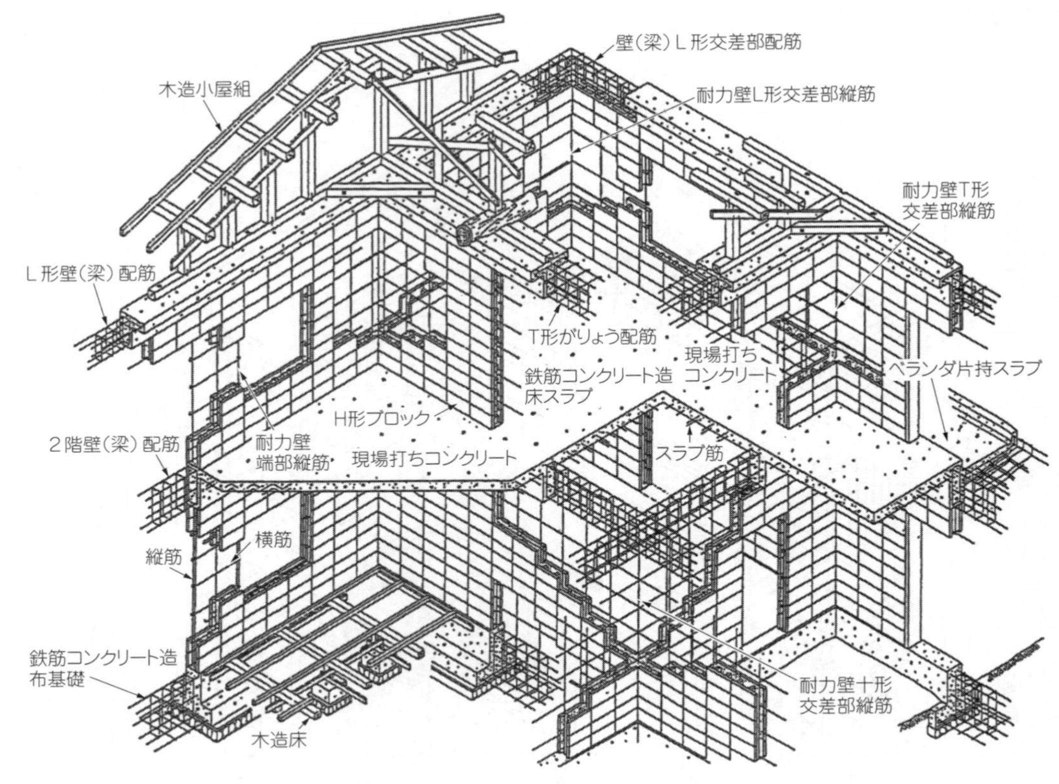

図2－41　型枠コンクリートブロック造（2階建）

(3)　補強コンクリートブロック構造の特徴

補強コンクリートブロック構造の特徴としては，次の点があげられる。

まず，長所としては，以下のことがあげられる。

①　耐火性・耐久性が大きい。

②　施工が容易である。

短所としては，以下のことがあげられる。

①　耐力壁ですべての荷重を負担するので，壁の高さ・長さに制限があり，広い開口部を設けることは難しい。

②　構造体の自重が大きい。

③　高層や大きな内部空間を持つ建築物には不向きである。

④　移築・解体が困難である。

第2章の学習のまとめ

私たちの周囲にある建築物は私たちの生活と密接な関係がある。

この章では，建築物について，住宅，学校教育施設，医療・福祉施設などの用途から見た種類と特徴の概略，また，木質構造，鉄筋コンクリート構造などの構造形式から見た種類と特徴の概略について学んだ。

【練 習 問 題】

次の問の中で，正しいものには○印を，誤っているものには×印を付けなさい。

（1） 平面計画の大きな要素として考えられる動線はなるべく短くする。

（2） 建築計画に関して，設備計画は平面計画が完了してから行う。

（3） 小学校建築計画で，総合教室型は低学年に，教科教室型は高学年に向くプランである。

（4） コアシステムは，耐震壁が設けやすいので構造的に有利である。

（5） 建築物は人間や物品が格納できれば，地震や台風などに対して十分安全でなくてもよい。

（6） 在来軸組構法の真壁式とは，壁が柱の心に収まって柱が外部から見える方式である。

（7） ツーバイフォー工法は木質構造である。

（8） 鉄筋コンクリート構造は，耐火性・耐久性・耐震性に優れ，また現場施工の部分が少ないので，工期が短縮できる。

（9） 補強コンクリートブロック構造は，構造体の自重が小さいので，高層や大きな内部空間を持つ建築物には適している。

第3章

建　築　史

第1節　日本建築史

1．1　先史（縄文・弥生・古墳時代）

日本列島に人類が住み始めたのは50万年前頃，旧石器時代のことと考えられている。この頃の人類は森の中の洞窟や樹上などで生活していたようである。やがて３万～１万5000年前頃，気候が温暖化し始めると，人類は次第に生活の場を開けた土地に移動し始め，簡単な住居を建てるようになったと考えられている。この時代が新石器時代であり，日本では**縄文時代**と呼ばれる。やがて**青銅器**と**水稲耕作**の技術が伝わり（**弥生時代***），人口の急増とともに社会構造に変化が生じ，次第に支配層が形成されていった。後世に「王」と呼ばれる支配層は，３世紀中頃から自らの墓として古墳を建造するようになる（**古墳時代**）。鉄器の普及による生産力の向上を背景に，巨大な勢力を誇る「王」が誕生し，次の**飛鳥時代**への準備が整えられていった。

（1）　竪穴（たてあな）住居

旧石器時代末期頃から平地に進出し始めた人類は，当初はテント状の簡単な住居を用いていたようだが，やがて地面に円形に穴を掘り，伏せた椀状の屋根を載せる竪穴住居を造り始める。竪穴住居は先史時代を通して最も一般的な建築形式であり，その後，中世に至るまで継続して用いられた。

竪穴住居は一般に地面を一定の深さに堀りくぼめ，その上に屋根を架ける形状をいうが，穴の形や規模・深さ・入り口の形，周濠（しゅうごう）の有無など，地域や時期によってさまざまに変化する。屋根は穴縁（あなぶち）に直接垂木を差し込むもの，穴縁に低い壁を立てその上に屋根を載

---

*　**弥生時代**：従来の学説では前５世紀後半～後３世紀半と考えられ，中国における春秋戦国時代（前770～前221）の始まりが弥生時代の契機となった可能性が考えられていた。しかし，近年では開始時期を前10世紀頃（北部九州で稲作が開始された）と大幅に遡らせる説が提出され，先史時代全般にわたる見直しが必要となっている。

せるものの２種が見られる。屋根仕上げには植物素材を用い，寒冷地では土を厚く載せるなどの工夫が見られる。室内には炉もしくは竈（かまど）が設けられた。

竪穴住居の形が全国的に画一化してくるのはようやく古墳時代になってからで，平面は方形で，比較的規模の大きい場合は内部に４本の柱を立てて屋根を支える例が一般化する。

集落によっては複数本の柱を持つ，**大型の竪穴住居**も見られる。集落の集会所として用いられたと考えられている。

縄文時代中期の大規模集落。宗教施設と思しい盛り土を中心に，高床倉庫群，大型竪穴住居，竪穴住居群が設けられ，若干離れた位置にはゴミ捨て場，墓地が見られる。また集落入り口には６本柱の大型建築（見張り台又は宗教的な施設と考えられる）が造られていた。

図３－１　三内丸山遺跡

（2）　高床倉庫

竪穴住居の内外には，食料などを備蓄したと考えられる小穴が設けられるが，それとは別に，おそらく集落全体の共有物を収蔵したと思われる**高床倉庫**も造られた。しかし**掘立柱**を用いた**高床倉庫**は，柱痕は残るものの，具体的な架構は失われてしまったため，どのような形状だったかは分かっていない。おそらく，長い**掘立柱**を立てて梁（はり）を支えるもの，短い束（つか）の上に床を組み，その上に架構を載せたものの両者があったと考えられている。後者の場合は，住居として用いていた可能性も考えられる。

縄文時代から造られていた**高床倉庫**は，弥生時代になって**水稲耕作**と結びつき，次第に宗教的・政治的な意味を強く帯びていったようである。弥生時代後半になるときわめて**大規模な高床建築**が造られるようになり，**首長の住居**として用いられるようになったと考えられる。この形式は**古墳時代**に引き継がれ，日本家屋の原型となった。また**社殿形式**の基本形として，現代に至るまで受け継がれている。

弥生時代の大型集落。全体に環濠と柵を巡らせ，大型高床建築の建つ区画はさらに柵で囲われている。

図3－2　吉野ヶ里遺跡

(3) 集　　落

縄文時代の**集落**は，数棟の**竪穴住居**が集まってつくられていた。縄文時代中期に見られる大規模集落では，竪穴住居は数棟ずつ群をつくり，何らかの小集団を形成していたと考えられる。集落には住居のほかに，共同で管理されていたと思われる**高床倉庫**や墓地，宗教施設などが設けられた。

弥生時代になると，大規模な集落では，周囲に**環濠**(かんごう)や柵が巡らされるようになる。また山間部にも小規模な集落が設けられるようになり（高地性集落），これらの変化はこの時期に戦乱が相次ぎ，集落を防御する必要が高くなったためと考えられている。集落内の個々の住居や墓葬に格差が見られるようになり，**階層社会**が次第に形成されていった様子がうかがわれるが，その背景に，水稲耕作を可能とするために労働の大規模な集約が必要となったこと，余剰作物の蓄積が可能となったことがあげられる。

弥生時代後期になると集落内にさらに濠(ごう)や柵を巡らせて特別な一郭をつくり，通常とは異なる**大型高床建築**や倉庫群を配する例も見られるようになる。これらの特別な建物は，集落の首長のための住居もしくは宗教施設と考えられている。

古墳時代になると，環濠や柵は姿を消し，高地性集落も見られなくなる。集落数は増加するものの，個々の規模は小さく，5～6棟の住居で構成されたものが多くなった。首長層は庶民からは隔絶した場所に居館を築くようになり，環濠を持つ方形の敷地の内部をさらに濠や柵で分節し，それぞれを居住と祭祀(さいし)のための空間としていた。敷地内部には竪穴住居，高床倉庫，**掘立柱**の建物など，多数の建築物が整然と配されていた。

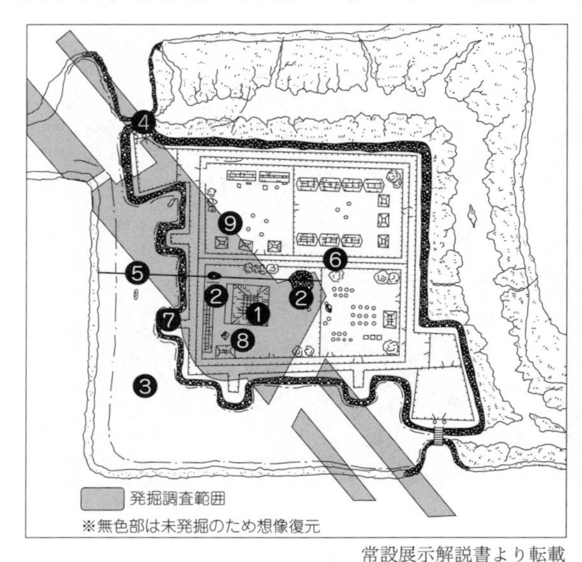

常設展示解説書より転載

4世紀後～6世紀初。幅32～40m，深さ3.2～4mの環濠に囲まれた86m四方の敷地全体に数重の柵を巡らせ，さらに中央で南北に2分してそれぞれに柵を巡らせる。北区画は生活空間，南区画は祭祀空間と推定され，それぞれ東西に2分される。敷地の東南及び西北隅は突出し，濠に橋を架けて出入り口とした。ほかに小型の突出部が幾つか設けられ，防御施設や金属精錬用の工房として用いられた。北西約1㎞に位置する保渡田古墳群に葬られた豪族の居館と考えられる。

図3－3　三ツ寺Ⅰ遺跡

1．2　古代1｛飛鳥～平安前期（6世紀末～10世紀中)｝

220年の**後漢**の滅亡以後，中国大陸では統一王朝が生まれず，東アジアの政治的情勢はなかなか安定することはなかった。日本には戦乱を逃れた人々が数多く渡来し，大陸のさまざまな最先端文化を伝えた。各地に誕生していた首長層は新しい文化を受容しつつ淘汰を繰り返し，幾つかの強大な首長が連合する政治体制が形成されていった。3世紀には畿内を中心とする強大な連合体が成立（**古墳時代**3世紀後半～7世紀末）し，これが大和朝廷の母体となったと考えられている。

581年，**隋**が約300年ぶりに統一王朝を打ち立て，さらに618年には**唐**（～907）が隋を滅ぼして大陸を統一し，これによって東アジアの政治情勢は長期的に安定する。日本は**遣隋使・遣唐使**などを介して積極的に大陸文化を取り込み，日本という国家体制を確立させる。その中心となったのは，**仏教文化**と**律令制**の受容であった。

（1）　仏教の受容と展開

6世紀中頃に朝鮮半島経由で伝えられた**仏教**は大和朝廷に受け入れられ，国家の庇護(ひご)の下で次第に広まっていく。伝来より数十年後には仏教寺院が建設されるようになり，急速に数を増やしていった。

仏塔と**仏堂**，それを取り囲む**廻廊**(かいろう)と**中門**を中軸線上に並べ，周囲に僧坊・食堂などを設け，外周を**築地塀**(ついじべい)で取り巻く**寺院伽藍**(じいんがらん)は，巨大な複合施設であり，堅固な塀や建築物，広大な敷地，恵まれた立地条件などから，しばしば政治・軍事拠点として機能した。内部に起居する僧侶の中には学問僧も多く含まれ，知識を集約した学術機関としても機能した。

仏教は単なる宗教にとどまらず，当時の最先端の知識や技術，思想を集約した文化そのものである。仏教文化を借りて，大和朝廷は専制国家としての体制を整えていくこととなった。

a．寺院建築技術の特徴

寺院建築は，中国大陸から伝えられた最先端の建築技術に倣(なら)って建設されている。それは木造建築の寿命を飛躍的に延ばすため，中国大陸で前1000年頃から進められた努力の成果であった。その主な特徴は以下の通りである。

① **基壇**(きだん)：**版築**(はんちく)工法(こうほう)を用いて堅い地盤を実現し，架構全体を堅固に支える。また防湿効果を高めるため，表面を石材で被覆する。

② **礎石**(そせき)：基壇上に置き，この上に柱を立てることで，柱を土中の水分から隔離する。

③ 横架材：**頭貫**(かしらぬき)や**長押**(なげし)などの水平材を効果的に柱と組み合わせ，安定した構造を実現する。

④ **斗栱**(ときょう)・**地垂木**(じだるき)・**飛檐垂木**(ひえんだるき)：柱上部に載せ，深い**軒**を形成する。またバランスよく部材を組み合わせることで，重い屋根荷重を効率的に支える。

⑤ **瓦**屋根：腐朽に強いセラミック素材を敷き詰めることで，多雨に耐える屋根面をつくる。また防火性にも優れ，火災から架構全体を守る。

⑥ 塗装・金具：**丹**(たん(に))（硫化水銀）や**緑青**(ろくしょう)・**胡粉**(ごふん)（カルシウム）といった金属粉末を木材表面に塗布し，防虫・防カビ・防湿といった効果を生む。また腐朽しやすい**木口**などを金属板で覆う。

これらの構造的な工夫とさまざまな素材を適切に用いることで，木造の躯体を腐朽から守り，本来は数十年程度しか保たない木造建築に，1000年を超える耐用年限を可能とした。後世の架構に比べると，まだ横架材が少なく構造的な弱点を持つが，太い柱を用いて自立性を高める，土壁の面積をなるべく広く取るなど，補強のための工夫が施されている。

当初，百済の工人によって伝えられたとされる寺院の建築技術は，その後も渡来人や遣隋使・遣唐使などを介して最新技術の吸収が進められ，８世紀前半には当時の中国大陸（盛唐期）と同等の技術水準を実現した。耐用性に優れ，大規模架構を可能とする技術は，寺院建築のみならず，神社建築や住宅建築などにも取り入れられ，日本独特の建築の形を形成していくこととなった。

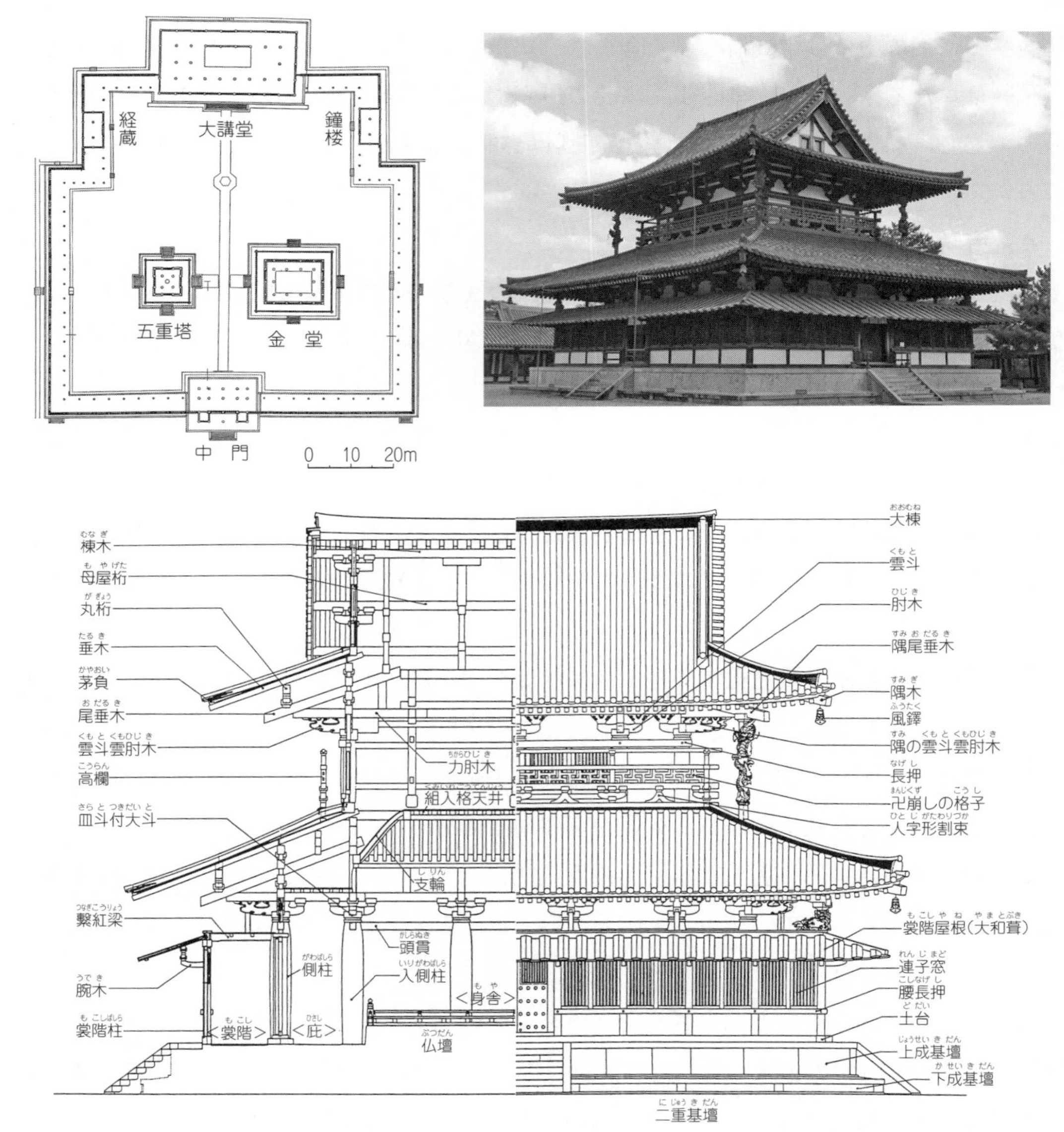

百済の工人によって伝えられたと考えられる形式。当時の中国の形式に比べ，細部に独特の特徴がある。

図３－４ 法隆寺金堂（７世紀後半）

復原正面図

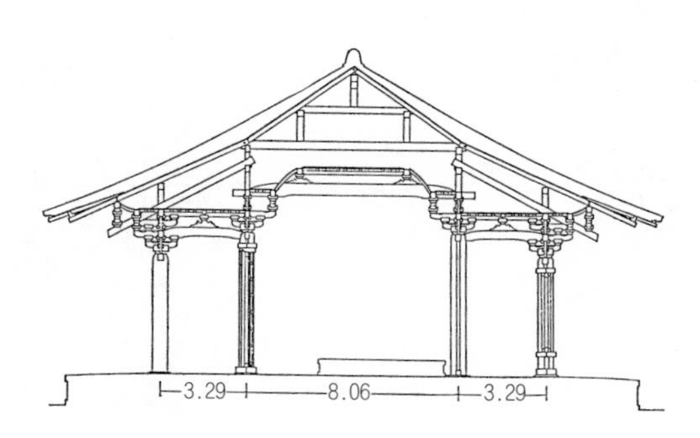

復原梁行断面図

当時の中国大陸の形式に準じて造られた。軒先の構造を強化するために横架材が追加され，より安定した架構を実現している。現存する屋根は野屋根が付加されたもので，創建当初は棟の位置が低かったことが明らかとなっている。

図3－5　唐招提寺金堂（8世紀後半）

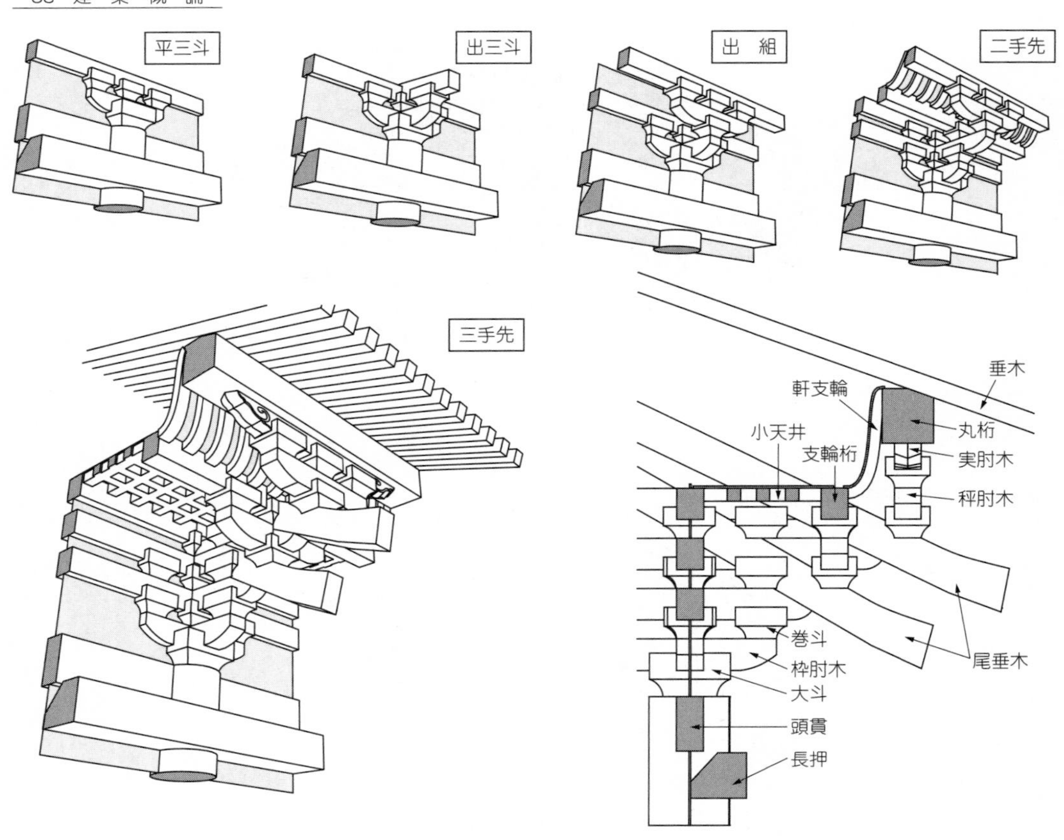

斗栱は斗と肘木(ひじき)から構成され，柱上にあって丸桁を支える。柱上に直接載る大斗(だいと)に肘木を載せ，その上に巻斗(まきと)を 3 つ並べる形を基本とする。最も単純な形である大斗肘木（大斗の上に肘木を載せて丸桁を支える），出三斗(でみつど)（大斗上で肘木を十字に組み，突出した肘木先端に巻斗を載せ，さらに上に三斗を載せる。）など，斗と肘木の組み合わせ方によって幾つかの形式がある。また，尾垂木（梃子(てこ)の原理を利用して丸桁を支える肘木に上向きの力を加える部材）を組み込む場合もある。仏堂で見られる最も複雑な斗栱は，特殊な例を除き一般に，尾垂木 2 本を持つ三手先斗栱（肘木を 3 段突出させたもの）である。斗，肘木ともに組み込まれる位置によって，特殊な形や名称を持つものもある。

図3－6 斗栱(ときょう)概説図

（2） 律令制の受容と都市

2世紀末から中国大陸で形成されてきた**律令制**は，中央政府が全国の土地・租税・軍事・地方行政を統一的に支配するための制度である。隋が完成した律令制を日本は積極的に取り入れて改良を加え，安定した統一国家の確立に成功した。律令制の受容による変化はあらゆる側面に見られるが，建築的には，都市の建設という形で現れる。

もともと日本では，天皇の住まいである宮を中心に都を営み，天皇が代わるごとに遷都を繰り返していた。**壬申の乱**（672年）を経て，専制国家としての形式を急速に整えていた大和朝廷は，恒久的な首都としての都の建設に着手する。その際に手本としたのは中国における理想の京師，すなわち天子の住む首都のあり方であった。

中国における京師は原理的に，宮を中心に左右対称の配置を持つ正方形で内部は直線道路で碁盤目状に区画する。この区画を坊と呼び，各坊及び都市全体は壁で囲い，政府の厳重な管理下に置かれた。京師には統治機構としての官衙（かんが）・国家的宗教施設・経済活動の場である市，それらの活動を支える庶民居住区が含まれる。

日本でこの京師の形が初めて実現されたのが**藤原京**（694～710）である。さらに**平城京**（710～740・745～784）などを経て，**平安京**（794～1868）は日本の首都として，長い期間にわたって機能することとなった。これらの京師は，外周城壁を築かないなど，日本独自の工夫が見られる。

都市全体の整然とした配置は，各坊内の建築群の配置にも適応されたと考えられる。寺院伽藍や平城京内裏では，中軸線上に主要建築物を建て並べ，**左右対称**を原則とした配置計画がとられる。しかし**法隆寺西院伽藍**のように，左右非対称となる例も見られ，日本独自の工夫が行われていたことがうかがわれる。

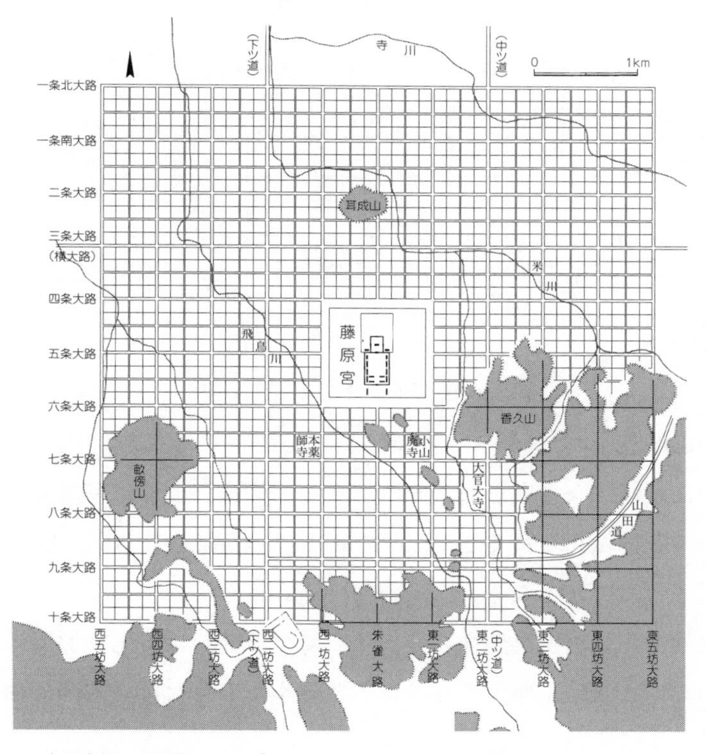

中国京師の理想型を記す『周礼・冬官考工記』の記述に従ったと考えられる都。中央に宮を置く配置は，中国大陸にも実例がない，珍しいものである。『周礼・冬官考工記』では都の規模は「九里四方」，直線道路は「九条九軌」とされるが，藤原京は十里四方，十条十軌で計画されている。

図3－7　大藤原京（694～710）

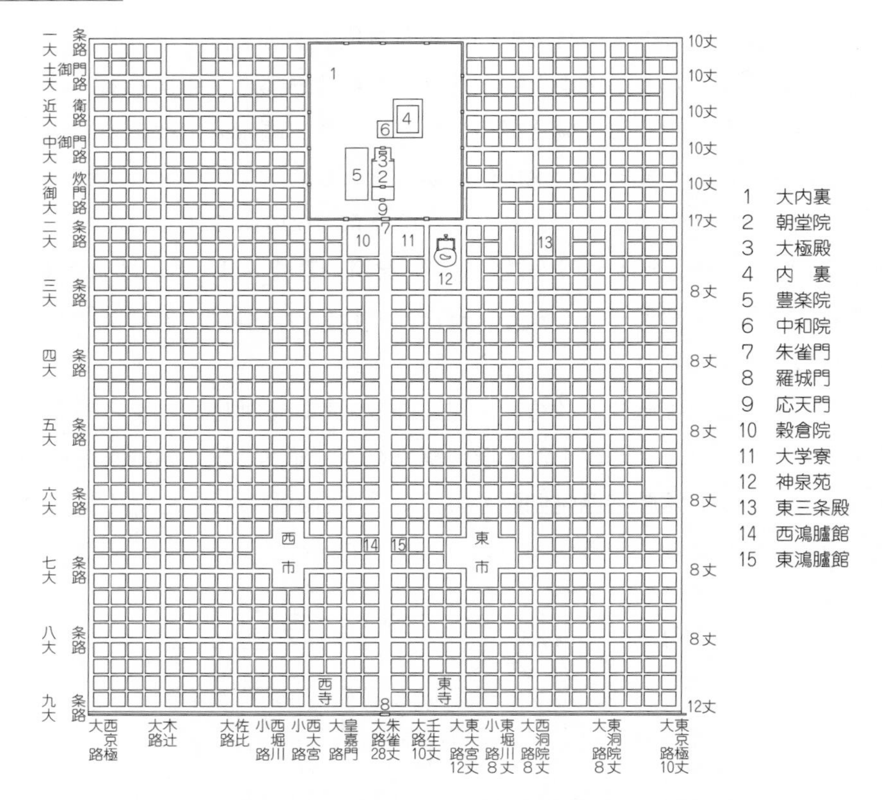

北辺に置かれた大内裏は宮と官衙施設を含む，首都機能の心臓部。北辺に置くのは，当時の中国に見られた京師の形に倣ったと考えられる。各坊はさらに16町に分割され，寺院，貴族の邸宅などは１町～１坊の規模で造られた。１町は１辺約120mの方形となる。各坊は築地塀で囲まれたが，外周に城壁は造られず，南大門である羅城門の両脇に僅かに造られたのみである。

図３－８　平安京（794～1868）

（３） 神社建築の成立

自然現象の中に超越的な存在を感じそれを祀（まつ）る信仰は，世界に普遍的に見られ，きわめて古くから人々の間に伝えられてきた。日本における自然崇拝は天皇制と結びつき，神道という形で整備されることとなる。

山や巨石，又は特定の場所を聖地とし，そこに宿る神を祀る信仰形態は，本来常設的な社殿を必要としない。三輪山が御神体であるため本殿を持たない**大神神社**（おおみわじんじゃ）は，古来の祭祀（さいし）形式（けいしき）を現在までよく残す例である。

一般に，**伊勢神宮正殿**のような社殿形式は，仏教伝来以前の素朴な建築形式を踏襲するものとされるが，形式的な整備が始まるのは，神道としての整備が始まる時期，すなわち平安時代前後のことらしい。仏教の受容に喚起された，純日本的形態への意識が根底にあると考えられる。

社殿形式は，祭神や儀礼形態によって独特の形式を持つ。それらは原則的に，一定期間ごとに建て替えを繰り返す**式年造替**（しきねんぞうたい）の制度を持っていた。先史時代的な構造形式を用いるため，建築の耐用年数に限りがあったためである。その伝統は近世までにほとんど廃れたが，現在でも伊勢神宮など，幾つかの神社に残されている。

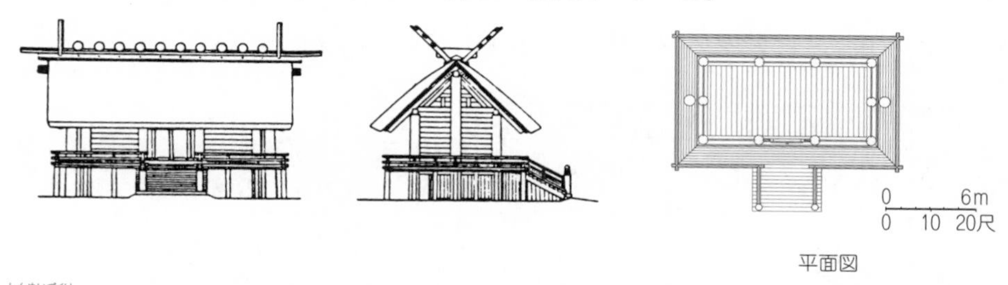

神明造（しんめいづくり）の社殿。掘立柱を用い，特に棟木を支える独立した掘立柱が特徴。20年に一度の式年造替制度を維持している。

図3－9　伊勢神宮正殿

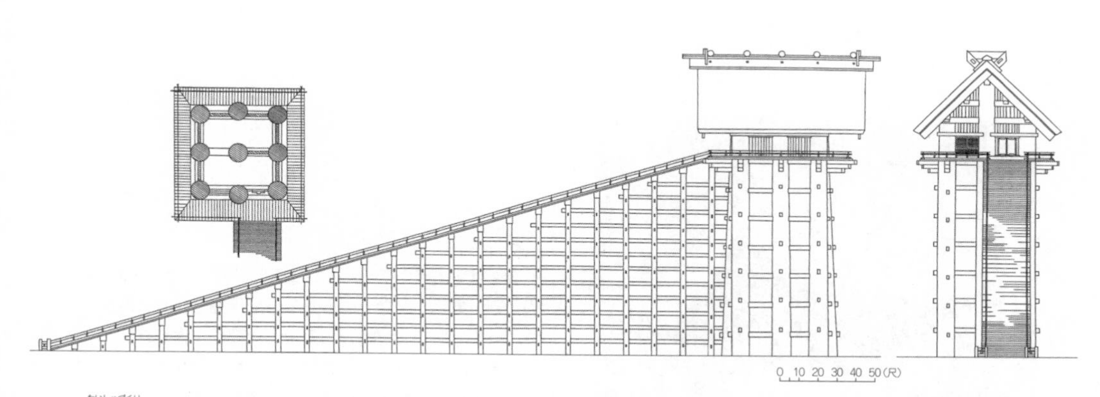

大社造（たいしゃづくり）の社殿。高さ1丈6尺と伝えられる本殿は，長く実在が疑われていたが，2000年に掘立柱の根元が発見されたことによって現実性を帯びたものとなった。記録によれば数十年ごとに倒壊し，その度に建て替えられていたが，1744年以降，造替は行われなくなった。現存遺構（1744）は礎石柱を用いる。（福山敏夫復原）

図3－10　鎌倉期出雲大社本殿復原図

（4）　平安時代前期の仏教建築

古代の仏教では，本尊を安置する**金堂**には原則的に人が立ち入らず，礼拝は金堂全面に設けられた広い前庭で行われた。しかし奈良時代に入ると，礼拝のための建物（**礼堂**（らいどう））が金堂とは別に設けられるようになる。当初は金堂から離れた位置に設けられたが，平安時代に入ると軒を接するように建て並べるようになった（**双堂形式**（そうどうけいしき）*）。

* **双堂形式**：本尊を安置する正堂と，礼拝のための礼堂を建て並べた形式。野屋根が考案されて以後は1つの建物として造られるようになり，正堂は内陣に，礼堂は外陣に変化した。

平安時代初頭には中国大陸から**密教**が新たにもたらされた。密教は俗界と隔絶する必要から山岳部に寺院を築き，そのため地形に即した自由な伽藍配置がとられ，従来の整然とした配置を持つ仏教寺院とは，大きく異なる伽藍を形成することとなった。また，**常行三昧堂**や**多宝塔**といった新しい建築形式を生み出す一方，教義上質素を旨としたために**檜皮葺***を多用し，後世の仏教建築に大きな影響を与えた。

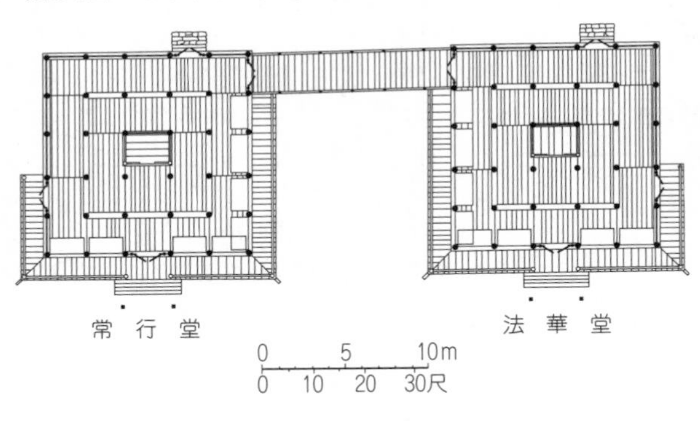

常行堂とも。念仏を唱えながら阿弥陀仏の周りを巡る常行三昧の行を行うための堂。そのため方形平面が必要であり，従来はなかった正方形平面の仏堂形式がつくられた。屋根は宝形造が多い。

図3－11　常行三昧堂：(延暦寺常行堂・法華堂，1592)

法華経を出典とする塔で，上層は円形で宝形屋根を載せ，その周囲に裳階を巡らせて方形平面とした初層を持つ。相輪の形や，相輪から屋根の４隅に渡された宝鎖など，通常の塔とは異なる特徴を多く持つ。規模が大きく，上層の円柱を初層まで延ばしたものを大塔と呼ぶ。密教の盛行とともに多く建造されるようになった。

図3－12　多宝塔（根来寺大塔，1547）

(5)　上層住宅

この時期の住宅については，具体的な遺構がほとんど見つからず，よく分かっていない。

＊　**檜皮葺**：日本独自の工法で，檜の樹皮を葺き重ねて仕上げた屋根。奈良時代には付属的な建物に用いられたが，平安時代に入ると次第に重要な建物にも用いられるようになり，最も格式の高い技法と考えられるように変化した。

発掘によって明らかになった奈良後半の平城京内裏（宮城）は，都城北辺中央に位置し，**朝堂院・大極殿**の区画と接し，官衙や庭園などを配する。それぞれの区画は廻廊で囲まれた方形の敷地のほぼ中心に主殿が位置し，周囲に付属建築を整然と配されていたようだ。

さまざまな史資料から復原された奈良時代の上層住宅は，**身舎**（もや）**－庇**（ひさし）全面に床を張り，さらに周囲に**縁**を巡らせたもので，主室は壁を巡らせて閉鎖的に造るが，それ以外は開放的な空間としていた。また，部分的に広い**縁**や**簀子敷**（すのこじき）を付加するなど，床座式の生活を主とし，半外部空間を積極的に利用していたことがうかがわれる。主室に天井を張る例も見られる。一般的に掘立柱を用い，**檜皮葺**又は**板葺**であるが，高位者の住宅には**瓦葺**が奨励された。

奈良時代にはまた貴族や僧侶の間で，椅子やベッドを用いる中国風の椅子座生活が行われたが普及せず，平安時代になると次第に廃れていった。

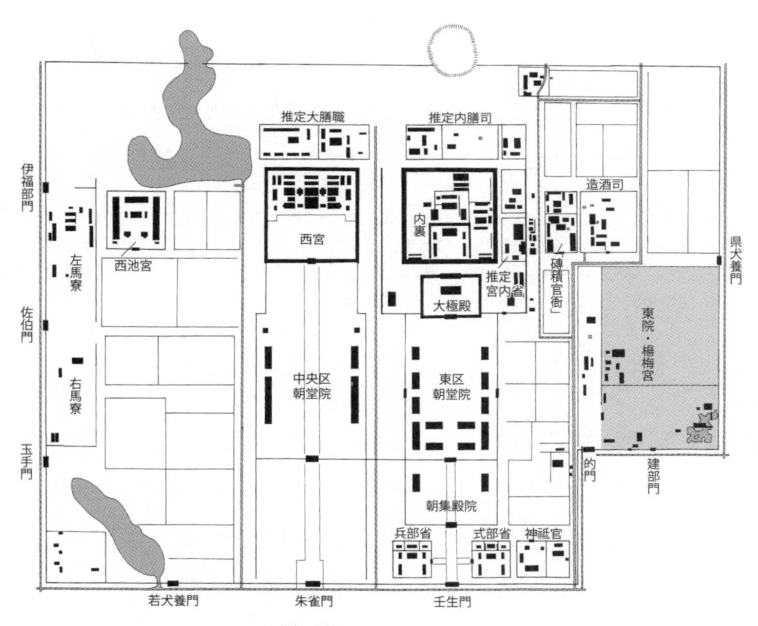

東西185m南北195mで，四周を築地廻廊（ついじかいろう）で囲う。内裏の建物は掘立柱を用い，板敷で広縁を持つ檜皮葺である。これに対し朝堂院（大内裏の正庁）大極殿（朝廷の正殿）の主要建物は礎石柱を用いた瓦葺である。

図3－13　平城京内裏（奈良時代後半）

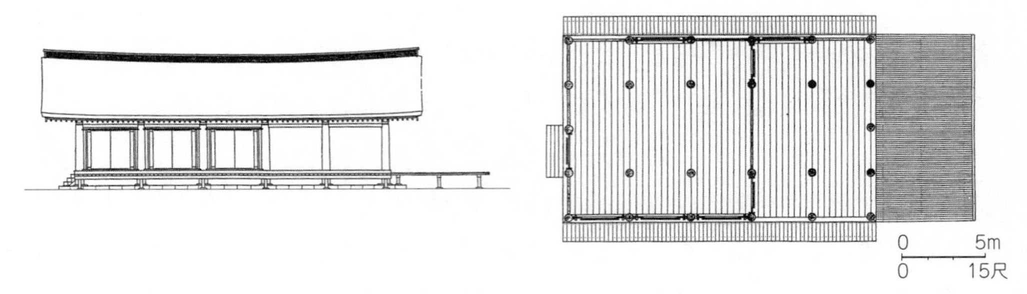

761年に移築されたもので，橘夫人の居宅の一部と伝えられる。昭和13年から行われた伝法堂修理時に部材痕跡から復原された。梁行３間桁行５間，壁を巡らせた桁行３間分と，開放的な２間分の２室に分かれ，周囲に縁を巡らせる。開放室前面に簀子敷を付加する。礎石柱や斗栱を用い，屋根を檜皮葺とするほかは仏教建築風の建築である。後の寝殿造における対屋に相当する建築と考えられる。（浅野清復原）

図３－14　法隆寺伝法堂前身建物（８世紀）

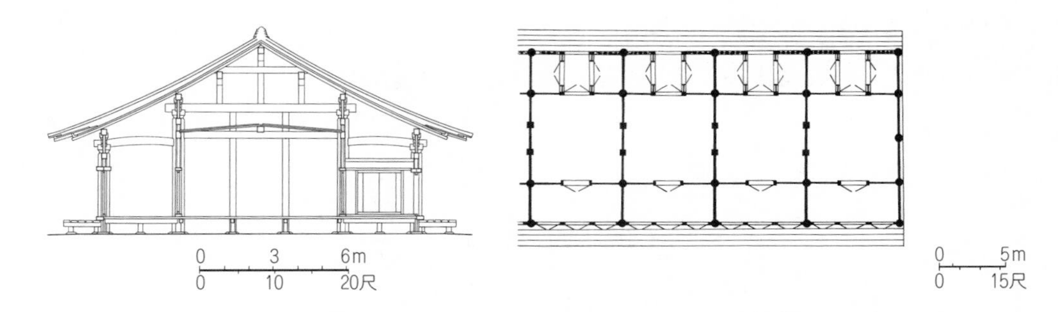

奈良時代建立の僧坊。同寺の極楽坊本堂及び禅室（現存）に部材の一部が転用されていたため，部分的な復原が可能となった。身舎の前後に庇を付加した形式で，全面に床を張り，さらに庇外側に縁を通す。桁行柱間１間ごとに間仕切りして１単位とし，さらに身舎－庇境に間仕切りして小室に分け，前面庇側は開放的に，背面庇側はさらに３つに分ける。身舎部分は防寒のために天井を張っていた。（浅野清・鈴木嘉吉復原）

図３－15　元興寺（がんごうじ）東室南階大坊（８世紀）

（６）　建築生産

奈良時代の律令制下で**木工寮**などの建築生産組織が構成され，国分寺など，国による造営事業全般に当たり，特に大規模な仏寺や都城の建造には臨時の組織も設置された。組織の頭などの上位者には官位が与えられ，高い社会的地位が保証された。

木工寮に属するのは専門的な技術を持った職人であり，歳役（さいえき）で徴発された庶民が労働力として用いられた。そのような一般労働力に熟練度や生産性の高さは期待できないため，この時期の建築生産は，計画や経営には高度な知識を要するものの，比較的単純な労働の集積で実現可能な技術体系に基づいていたと考えられる。当時の基本的な設計技法に想定される**柱間完数制**＊は，このような生産制度によく合致するものと思われる。

＊　**柱間完数制**：柱間完尺制ともいう。原則的に１尺を基本単位とし，その整数倍で柱間寸法を決める手法。発掘された平城宮第二次内裏内郭（１丈を単位として廻廊柱間，各建物柱位置などを決定）など多数の遺構分析から導き出された想定技法のこと。

1．3　古代2｛平安中期（10世紀～11世紀)｝

長く安定した社会を保っていた**唐**も，9世紀後半になると内政の混乱が目立つようになり，次第に国力が低下していく。それに伴って各地で戦争が頻発し，東アジア情勢は一転して混乱状態に陥っていた。そのため日本は894年に**遣唐使**を廃止し，混乱した情勢から距離を置く政策をとった。一方，国内では**律令制**が崩壊し，**荘園**経営によって経済的基盤を確保した大貴族や院（上皇）による政治支配が始まる。彼らは贅(ぜい)を尽くした優美な**王朝文化**を成立させ，文化全般の和風化を推進し，日本的文化の土台を形成することとなった。また交通の発達，貨幣の流通といった経済活動の活発化は，文化の階層的拡大と地方文化の充実をもたらした。

(1)　末法思想と阿弥陀堂

10世紀になると，浄土教を基礎とする**阿弥陀信仰**が，**末法思想**を背景に広く流行し，庶民層にまで仏教を普及させることとなった。貴族の間では自邸の一角に**持仏堂**(じぶつどう)を設けることが流行し，日常的に礼拝を行うようになった。そのため持仏堂には**床**や**縁**，**蔀戸**(しとみど)など，住宅建築の要素が多く持ち込まれ，中世仏堂の基本形を形成した。

また，阿弥陀仏を本尊とする寺院の建立も行われ，そこでは本堂（**阿弥陀堂**）の周囲に極楽浄土を模した**庭園**が造られた。そして本堂は阿弥陀如来が座す宮殿を模し，内外に華麗な装飾を施した。

藤原頼通発願(ほつがん)。阿弥陀如来像を安置する中堂と，左右翼廊，中堂背面の尾廊から構成され，極楽浄土を模した庭園（浄土庭園）の池の中島上に建つ。極楽浄土は西方にあると考えられたため東を正面とし，池の東岸から対岸(たいがん)（彼岸(ひがん)）を遙拝(ようはい)するよう計画された。中堂内部は華麗に荘厳(しょうごん)され，絵画，彫刻，工芸など，当時の造形美術の粋を尽くしたものである。

図3－16　平等院鳳凰堂（1053）

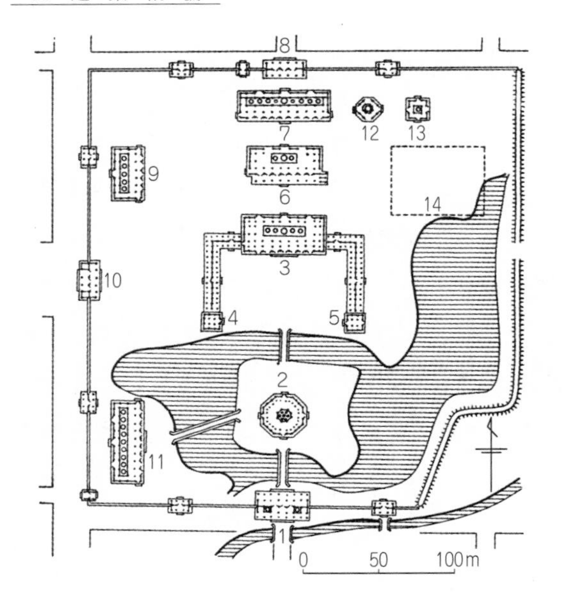

1　南大門
2　九重塔
3　金　堂
4　鐘　楼
5　経　蔵
6　講　堂
7　薬師堂
8　北大門
9　五大堂
10　西大門
11　阿弥陀堂
12　八角堂
13　法華堂
14　釣殿御所

白河上皇発願。献上された藤原氏の別邸を基礎とするため，寝殿造の名残が見られる。敷地中央に金堂が建ち，講堂，薬師堂，五大堂，九体阿弥陀堂などが建ち並ぶ。南半の池の中島には，八角九重塔がそびえていた。

図3－17　法勝寺伽藍（1075）

（2）　平安京内裏と寝殿造

この時期の上層住宅も現存例がないが，朝廷貴族の残した日記に平安京内裏や有力貴族の邸宅（**寝殿造**）についての記述が見られ，考古学的成果や絵巻と併せて復原が試みられている。文字記録では建築規模や平面の表現に**間面記法**[*1]が用いられた。

天皇の居所である内裏は，平安京北辺に置かれた**大内裏**（宮城）のほぼ中央に置かれ，**紫宸殿**（正殿）を中心に左右対称の配置形式をとる。**紫宸殿**を中心とする南半は天皇の公的・私的空間であり，北半は皇后や女官の居所であった。

上流貴族の住居は平安京内に置かれ，**寝殿造**と呼ばれる。正式な**寝殿造**[*2]は一町四方の敷地を築地塀で囲み，その中央に**寝殿**（主殿）を置き，東西にそれぞれ**対屋**を配するものとされる。寝殿の前面には広い前庭を設け，さらに南側は池を中心に庭園が造られた。池端には**釣殿**が設けられ，渡廊によって対屋とつながっていた。

寝殿は五間～七間四面で，丸柱を用い，建具に板扉や蔀戸を用いた。身舎の一部を板壁

＊1　**間面記法**：古代特有の建築表現で，平面，断面形状などを表現する。当時の建築物は一般に身舎とその外側に設けられた下屋としての庇から構成され，身舎梁行は原則的に2間である。間面記法の「A間B面」という表現は，Aは身舎の桁行（正面）柱間数を，Bは庇の巡る面数を示す。きわめて単純な表現でありながら，建物の具体的な形を表現可能であるのは，当時の建築の取り得る形がきわめて限定的であったことを示している。なお，庇の外側にさらに付加した下屋は孫庇などと呼ぶ。

＊2　**正式な寝殿造**：藤原宗忠（1062―1141）の書いた日記『中右記』中の「如法一町家」という語から想定されたもので，内裏を強く意識した形式と考えられている。ただし『中右記』が書かれた時代には，東三条殿のように非対称形となる寝殿造が主流であった。

で囲い**塗籠**（寝所）とするほかは間仕切りはほとんどなく，**軟障**・**几帳**・**屏風**などを用いて区画した。**置畳**や**円座**を床に置いて座とし，**厨子棚**や**二階棚**などを手近に置いて手回り品を収めた。

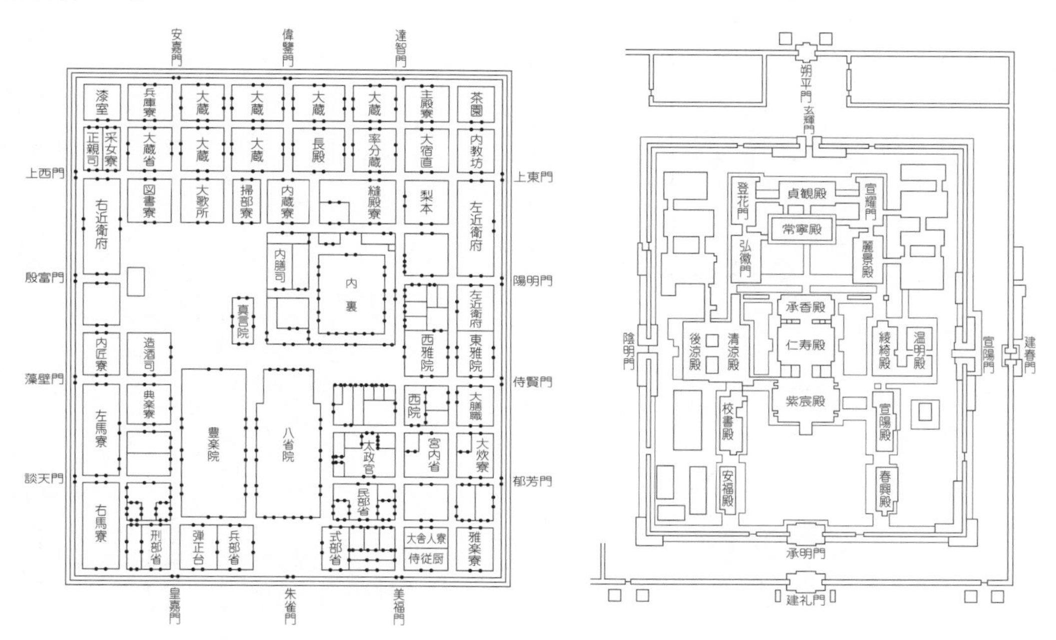

大内裏は東西８町南北10町を占め，周囲を築地塀で囲み，南北辺に各３門，東西辺に各４門を開く。敷地中央に内裏を置き，その周囲に各省官衙が置かれた。政変や失火のために度々焼失し，1227年の火災後再建されることはなかった。罹災時には離宮や貴族の邸宅が臨時に用いられ，これを里内裏と称した。

図３－18　平安京大内裏と内裏（794—1227）

南北朝時代に里内裏として用いられ，以後皇居として用いられた。殿舎の建築は時代によって変化したが，1790 年に当時の研究に基づいて平安の古制を復原した。現存するのは 1867 年に再建されたもので，1790 年の形式を踏襲する。

図３－19　京都御所紫宸殿（1790）

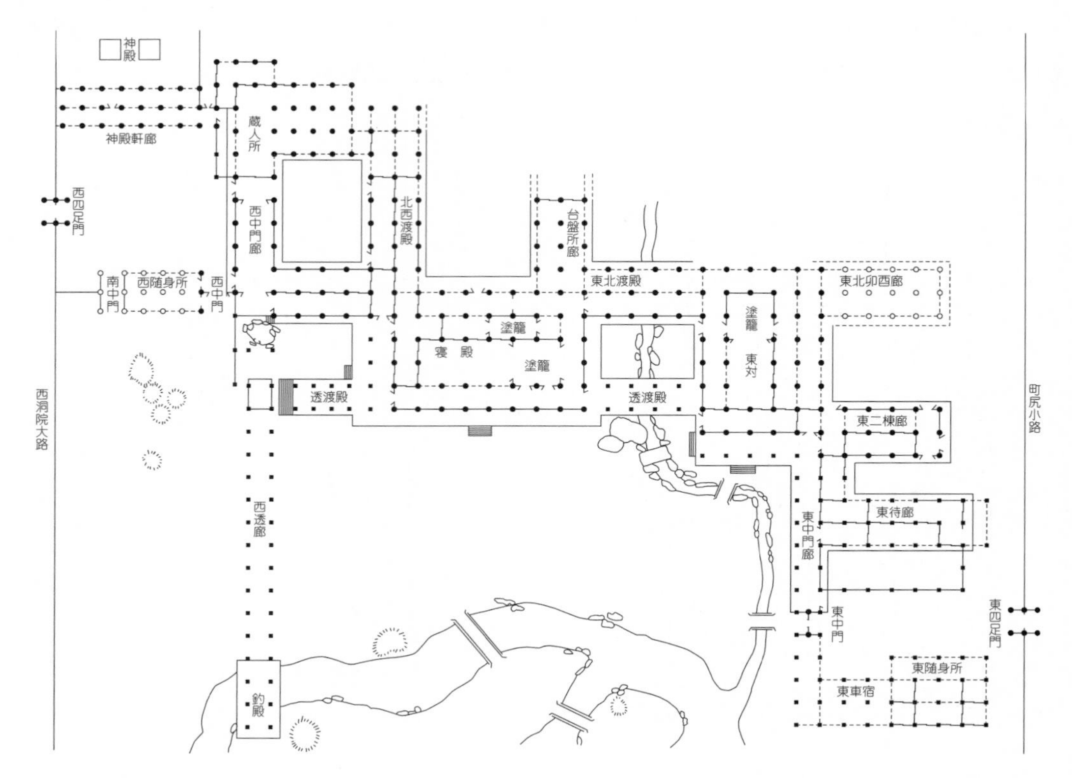

藤原氏歴代の邸宅で，1043年～1166年まで継続し，平安時代後期の上層住宅の代表例である。図は当時の日記などの記録から復原したもの。中央に寝殿，東対を持つが，西対はなかった。寝殿は六間四面庇に，北に孫庇，西に吹き放しの広庇を設ける。（太田静六復原）

図３－20　東三条殿（とうさんじょうでん）（1043～1166）

１．４　中世（平安後期・鎌倉時代・室町時代）

11世紀後半になると，平清盛（1118－81）を筆頭に，有力者や地方豪族が私的に中国大陸と交流を行うようになる。それは日本に新たな刺激をもたらし，建築にも大きな変化を生んだ。新たに導入された２種の新形式は，いずれも横架材を多用し，比較的細い材を用いて大架構を可能とするもので，**仕口**や**継手**といった部材同士の接合部にも新たな工夫が見られる。これは建築構造の強化に大きく役立ち，寺院建築のみならず，神社や住宅建築にも広く取り入れられていくこととなった。

（1）大仏様（だいぶつよう）

平安時代末の**東大寺**焼き討ち（1180）によって壊滅的打撃を受けた東大寺の復興には，従来の建築と大きく異なる特徴を持つ建築形式が採用された。これを**大仏様**と呼ぶ。

大仏様の原型は，復興責任者（東大寺大勧進職）である俊乗坊重源（しゅんじょうぼうちょうげん）（1121－1206）

が，実際に福建省近辺で見た建築形式であると考えられている。**貫**（ぬき）や**挿肘木**（さしひじき）*といった横架材を多用して，長く細い柱を緊結する架構は，構造的に強固かつ安定しており，従来の建築の弱点を解決するものだった。また構造規模に比し，従来よりも細い材を用いることが可能であり，当時困難になりつつあった木材供給の問題を解決した。

大仏様は東大寺伽藍の完成後，近畿地方を中心に流行したが，重源の死とともに建てられなくなった。そのため今日に残る大仏様遺構はわずかである。

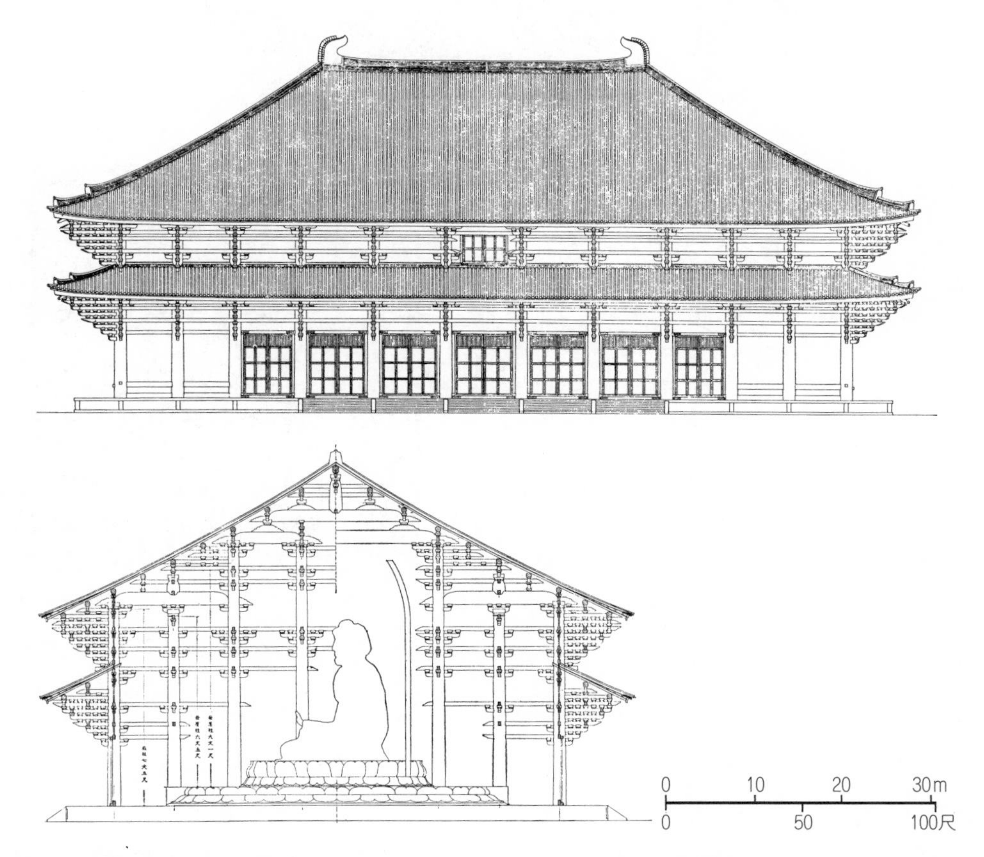

平面規模は奈良創建時を踏襲するが，細部に変更を加えている。現存する大仏殿は江戸中期に再建されたもの。（大岡実復原）

図3－21　鎌倉期東大寺大仏殿（1195）

＊　挿肘木：貫と同様に柱を貫通する肘木。大仏様独特の部材である。

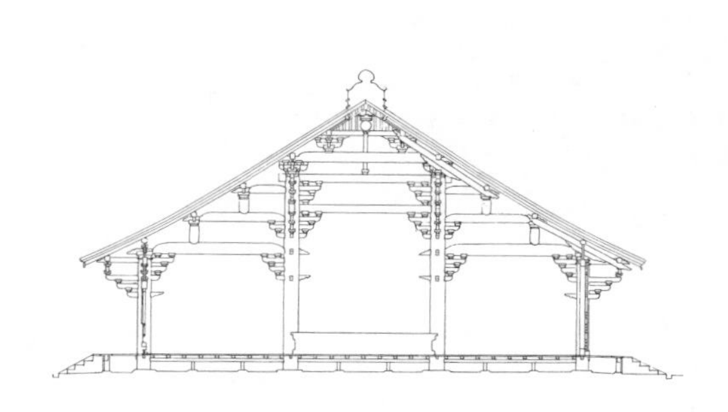

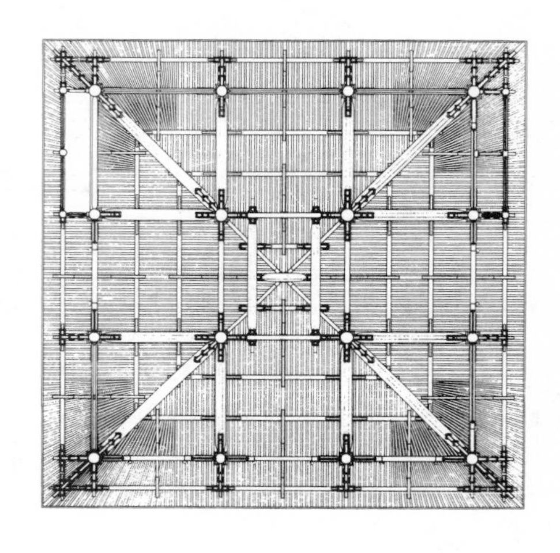

方3間だが，各柱間が同じ，軒反りがなく軒高が低いなど，仏堂として異例の形態を持つ。垂木を隅のみ扇状に配する「隅扇垂木」は，大仏様の特徴である。

図3－22　浄土寺浄土堂（1192）

(2) 禅宗様

鎌倉幕府の庇護（ひご）した仏教は，この頃大陸より伝えられた禅宗である。禅宗は新しい建築形式も同時に持ち帰り，当時の中国における最先端の意匠と，従来の日本の建築技術とを組み合わせた**禅宗様**が創出された。

禅宗様の原型は，当時の中国（宋）で宮殿などの建築物に用いられていた形式で，柱上に台輪を載せ**中備**（なかぞなえ）[*1]に**詰組**（つめぐみ）[*2]を用いる華やかな外観を持つ。**禅宗様**ではこれに**貫**を加え

＊1　中備：柱上の斗栱の間にあって，上部を支える構造材をいう。古代では間斗束（けんとづか），蟇股（かえるまた）を用いた。目につきやすい部材であるため，装飾化が進んだ。

＊2　詰組：中備の1種で，柱上斗栱と同じ斗栱を用いたもの。詰組の大斗を頭貫に直接載せると斗尻がはみ出すため，頭貫上に台輪を用いる。

て構造強化を図り，**野屋根**の付加，**扇垂木**（おうぎだるき）と**檜皮**（ひわだ）屋根の採用など，日本独特の意匠を完成させた。

禅宗寺院は以後も**禅宗様**を必ず用い，数多くが建設され今日に伝わる。またその華やかな意匠はしばしば**和様**系の建築にも部分的に取り入れられた。

禅宗様の最も純粋な形を示す現存例。床と天井を張らず，長押を用いないなど，中国建築に倣った形式を取るが，野屋根を持つ点で日本的改変が加えられている。化粧垂木を扇状に配する「扇垂木」は禅宗様の特徴である。

図3－23　円覚寺舎利殿（えんかくじしゃりでん）（15世紀前）

（3） 和様への影響

大仏様や禅宗様に対し，従来の建築形式を**和様**と呼ぶ。横架材が少ない点で構造的な弱点を持つが，大仏様や禅宗様の普及に伴い，新技術の優れた点を積極的に取り込み，改良が進んだ。そのような形式を**折衷様**と呼ぶ。これ以後，純粋な和様がつくられることはなくなり，この折衷様が和様の標準的な形式となる。

折衷様は**尾垂木**や**斗栱**の形，**長押**や**蔀戸**など，和様特有の日本的意匠はそのままに，**貫**を積極的に取り入れて水平力の不足を補った。また従来の重い厚板扉に替わって，薄い板を組み合わせた**桟唐戸**を用いるなど，随時新形式を取り入れていた様子がうかがわれる。

（4） 野屋根と桔木

平安時代中期から進む文化の和風化は，建築にもさまざまな変化をもたらした。その一つである**野屋根**の考案は，日本建築の断面・平面・室内空間構成など，建築のあらゆる面に重大な影響を及ぼし，日本建築を特徴づけるものとなった。屋根は容易に変更される部分であるため，今日まで当時の姿を残す例はないが，部材痕跡をもとに復原が試みられ，発生のおおよその経緯を知ることができる。

野屋根は，遅くとも10世紀末にはつくられ始め，中世末に最終的に完成する日本独自の構法で，従来の垂木の上に，さらに屋根面をつくる垂木（**野垂木**）を重ねる。従来の垂木は構造上不要であるが，室内外の見えがかりを整えるために残され，天井と同様の化粧材となった。そのためこのような垂木を**化粧垂木**と呼ぶ。一方，野垂木やそれを支える**小屋組**は，**身舎**に張った**天井**や，化粧垂木上面に張った**野地板**によって視界から隠される。

初期の**野屋根**は**野垂木**と化粧垂木の間隔が狭く，屋根勾配を整える程度のものであったが，柱や梁などの**軸部**とは切り離して形をつくることが可能であったため，建物の外観と内部平面とが単純に一致しない建築を生み出すこととなった。そのため，古代に用いられていた間面記法による建物表現は意味を失い，忘れられていった。野屋根がもたらした変化は以下の２点に集約される。

① **双堂形式**の建物に１つの大きな屋根を架け，複雑な屋根構造と，それによって生じるさまざまな弱点を解消した。

② 本来は異なる空間である**身舎**と**庇**を，**天井**を張ることで意匠的に一体化させ，あたかも１つの大きな空間であるかのように見せかけることを可能とした。

また，鎌倉時代に入ると，野屋根がつくる空間を利用して，**桔木**を入れるようになった。**桔木**は梃子の原理を応用して軒先を跳ね上げる構造材である。これを導入することで，従来よりも深い軒先が容易に実現されるようになった。初期の桔木は屋根全面に入れられたが，次第に軒先のみに集約されるようになっていった。

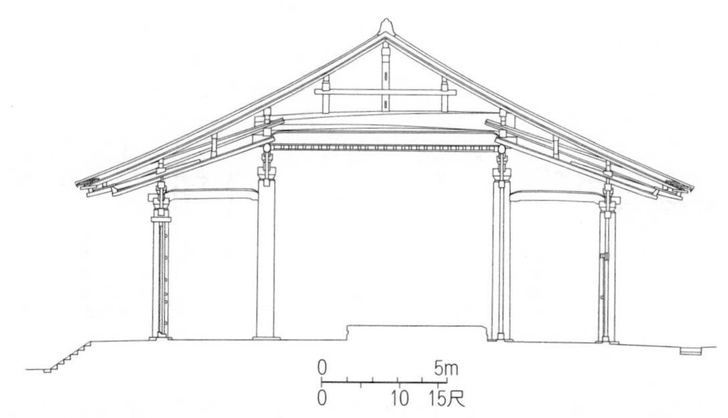

1930年代の修理時に，部材痕跡から建造当初の構造が明らかとなった。化粧垂木上面に土を塗り，身舎は梁下全面に天井を張るため，屋根架構を見ることはできない。庇の化粧垂木は，直上の野垂木よりも緩い勾配を持ち，伸びやかな室内空間を演出している。

図3－24 法隆寺大講堂復原断面図（990）

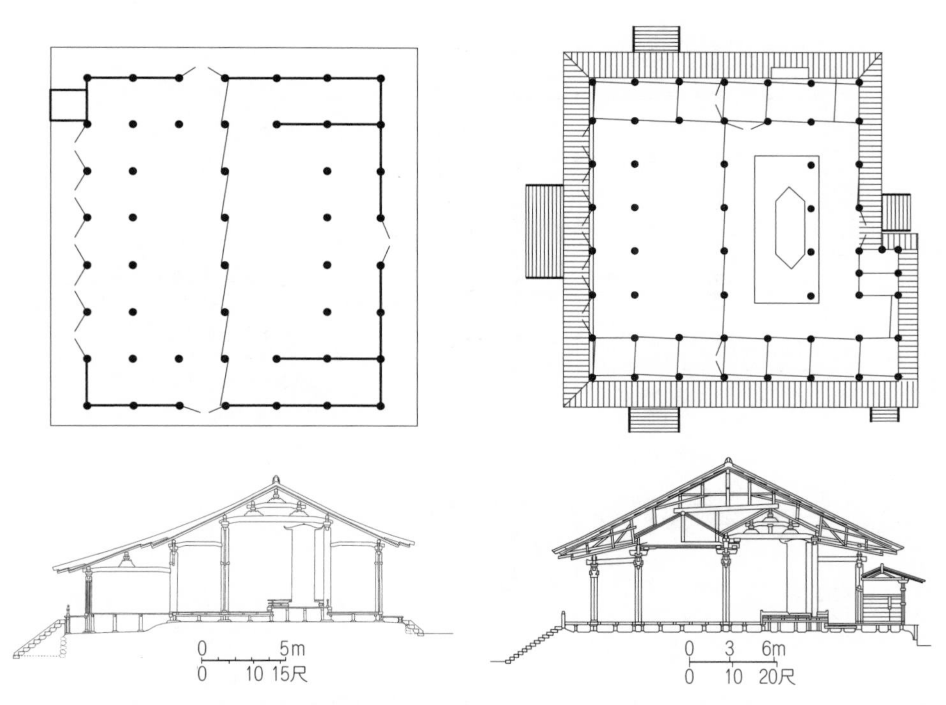

創建は奈良時代後期で，創建当初は桁行７間梁行４間の堂であったが，その後平安初頭頃に前面に大きな孫庇を付加，1161年に前庇を撤去し，改めて前面に礼堂を付加して双堂形式とし，野屋根を用いて１つの大屋根とした。さらに鎌倉時代以後に背面に閼伽棚（あかだな）を付加し，庇を小室に細分して現在の姿となった。内陣・外陣双方に化粧屋根裏天井を用い，正堂と礼堂が軒を接して建つ古代の双堂形式に似せた内部空間を演出している。

図3－25 当麻寺（たいまでら）本堂（曼荼羅堂（まんだらどう））（1161）

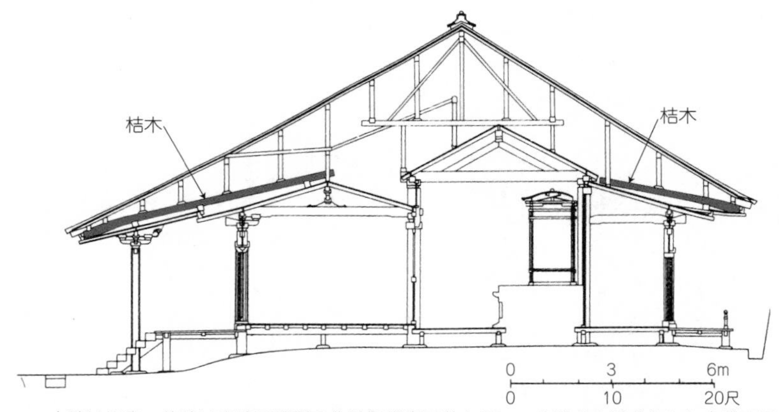

内陣は切妻，外陣は寄棟屋根型の化粧屋根裏天井を用い，２棟から構成された古代の双堂形式の空間構成を演出しながら，全体を１つの大屋根で覆う。野屋根の棟位置と柱の位置がずれ，野屋根の構造的合理性が重視された造りとなっている。また広くとられた化粧垂木と野垂木の空間を利用して，桔木を入れる。

図３－26　長寿寺本堂（鎌倉初期）

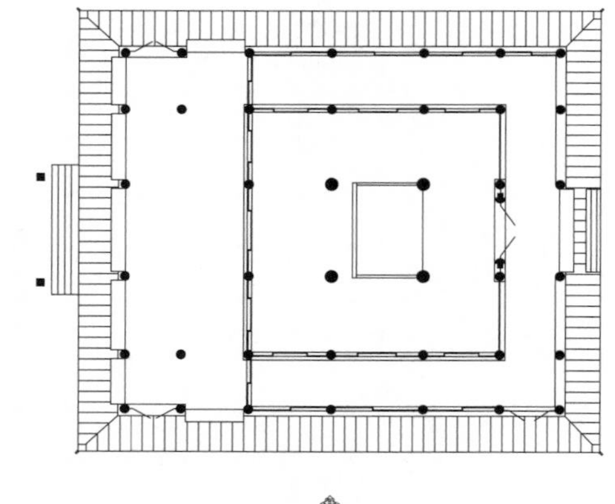

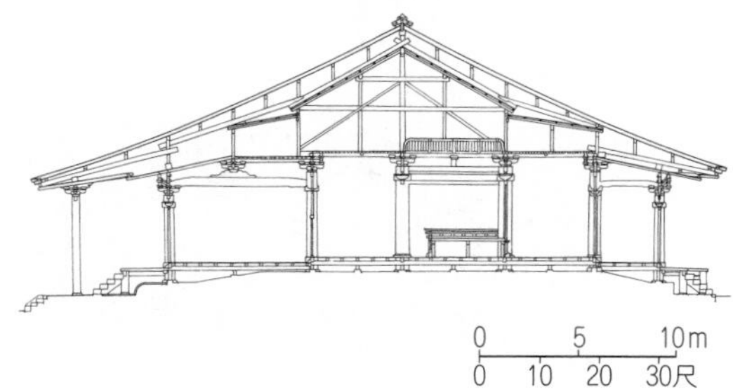

本来は桁行３間梁行２間の身舎の前後に庇を付加し，さらに四周に孫庇を付加した構造であるが，身舎と背面庇の空間に連続した天井を設け，３間×３間の一体化した空間に見せかけ，内陣とする。また野屋根の大きな空間を利用して桔木を入れる。

図３－27　大報恩寺本堂（1227）

（5）枝割制（しわりせい）と六枝掛け（ろくしがけ）

野屋根を設けたことで屋根荷重から解放された化粧垂木は，部材の断面寸法や垂木間隔を従来に比べて自由に設定することが可能となった。その結果，垂木寸法を基準として柱間寸法を決定しようとする技法が生まれ，中世を通して整備されていった。これを**枝割制**（しわりせい）と呼ぶ。

枝割制で基準となる単位（**一枝寸法**）は垂木幅と高さの合計で，従来の柱間完尺制（1尺を単位とする）に比べ，微妙な寸法差を表現するのに優れる。当初は柱間ごとに垂木間隔が微妙に異なるなどの問題が見られたが，15世紀初頭には微調整の技法も含め，一定した垂木間隔と，それに合致する**柱間寸法計画**を実現した。

一方，**野屋根**によって化粧垂木の勾配設定が自由となったため，従来は勾配に合わせて決定されていた**斗栱**の断面方向の寸法が，水平・垂直方向でそれぞれ一定の数値となるよう整備されていく。これと枝割制は有機的に関連し合いながら，鎌倉時代後期に**六枝掛け**（ろくしがけ）を完成させた。

枝割制は次第に細部の整合性を高め，近世初頭に完成する**木割**（きわり）の基礎となった。

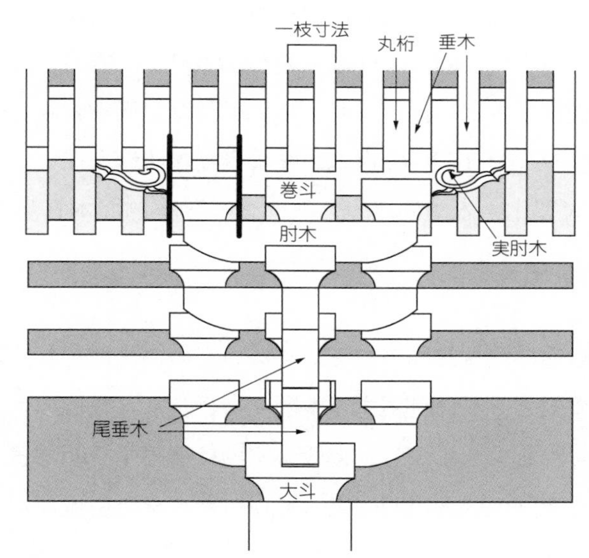

肘木上に3つ並ぶ巻斗に対し，全体で6本の垂木を配するため，六枝掛けと呼ばれる。個々の巻斗の見えがかり幅は一枝寸法＋垂木幅となり，巻斗間隔は垂木間隔と等しい。垂木間隔は原則的に本繁垂木（垂木成＝垂木間隔）を用いる。巻斗と肘木，肘木と大斗，大斗と柱径の寸法は相互に関連するため，斗栱の断面方向も含め，完成した六枝掛けは一枝寸法を基準とした寸法体系に整理することができる。

図3－28　六枝掛け

（6）　生産組織の変化：大工職制度

平安時代末から鎌倉時代への転換は，政治体制のみならず，社会秩序全般の変化を意味し，建築生産の場にも変化が及んだ。

11世紀の律令制の崩壊に伴い，官営の造営組織は次第に崩壊し，大寺院を中心に集まった工匠たちで構成される特権的職業集団である**座**が，工事を請け負うようになった。初期の座は寺院や荘園領主に専属していたが，やがて自立性を高め，活動の幅を広げていく。それに伴って座同士が争うようになり，**棟梁**（座の長）を中心とした擬似的な血縁集団として強固に結束するようになった。座は次第に閉塞化・硬直化し，それに伴う技術低下を防ぐための工夫が，木割の発達や各匠家秘伝書の編集を促すこととなった。

(7)　工　　具

11世紀頃から始まる製鉄技術と鍛造技術の発達は優れた工具をもたらし，これが精度の高い木材加工を可能とした。さらに室町時代中頃になると，**縦挽鋸**（たてびきのこ）と**台鉋**（だいかんな）が登場する。両者とも大陸から伝えられ，従来では考えられなかった効率と精度の高い木材加工を可能とした。

伝えられた縦挽鋸は２人挽きの**大鋸**（おが）で，これにより製材能力は飛躍的に向上した。従来の**鑿**（のみ）による**打ち割り法**では困難だった薄板を，容易にかつ素早くつくることができるようになり，薄板をふんだんに用いた板壁や桟唐戸の利用などが可能となった。

台鉋の登場によって，木材表面仕上げは飛躍的に素早く，容易に，かつ精度の高いものに変化した。従来の**槍鉋**仕上げに比べ，きわめて平滑な表面を容易につくることができるようになり，表面に塗装などを施さず，白木のまま良好な状態を保つことが可能となった。

また全般に工具が**大型化**する傾向が見られ，より効率的な木材加工が行われるようになった。

(8)　上層住宅

平安時代後期，**寝殿造**は左右対称の対を備えないものが一般化し，地方貴族や武士の住宅では広庭もなく，寝殿とそれに付属する中門，持仏堂（じぶつどう）など数棟の付属建築のみで構成される簡素な構成が見られるようになる。寝殿の室内は**襖障子**（ふすましょうじ）や**明障子**（あかりしょうじ），**舞良戸**（まいらど）などの建具で間仕切りされ，公私空間の区別が明確化していった。また**引違戸**（ひきちがいど）が現れたため，**角柱**を用いるようになった。

皇族や上級貴族・上級武士の住宅では寝殿から寝所が独立する一方，接客空間が別に設けられるようになり，室町時代に入ると独立した接客用建物が造られるようになる（**会所**（かいしょ））。**会所**では連歌や闘茶（とうちゃ）などの社交的会合が行われ，室内を豪華に飾り立てた。

畳を全体に敷き詰め，書画軸や茶器などを飾るための**押板**や**違棚**，**付書院**などが**座敷飾り**として用いられ，それらを引き立てる天井や建具の表現に工夫が凝らされた。また，室内からの景観を考慮した**庭園**も造られ，室内外が調和した洗練された空間表現が行われた。これらの形式的整備が進み，後の**書院造**が生まれることとなる。

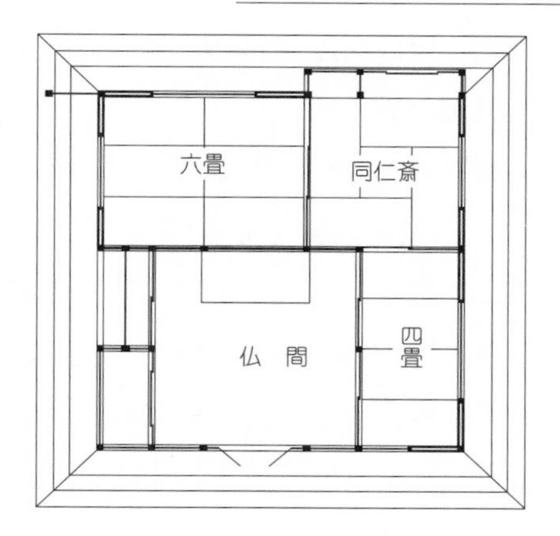

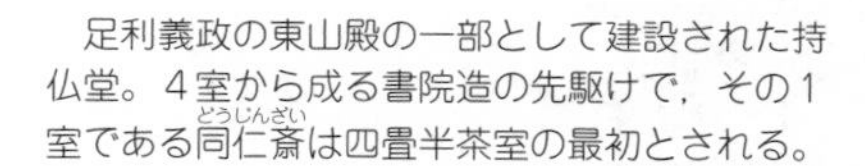
足利義政の東山殿の一部として建設された持仏堂。４室から成る書院造の先駆けで，その１室である同仁斎は四畳半茶室の最初とされる。

図３－29　慈照寺東求堂（1485）

１．５　近世（16世紀後〜）

応仁の乱（1467 〜 1477）後，室町幕府の権威は著しく失墜し，**戦国時代**に入る。下克上に象徴される全般的な社会構造の変化，西欧文化との接触は，婆娑羅やかぶきと呼ばれる異風の流行を生み出す。華美を好む風潮は建築にも及び，過剰なほどの彫刻装飾と彩色を施した建築がつくられた。その一方，茶道に代表される洗練を極める風潮も盛んになり，個性的な意趣を凝らした建築や庭園が造られるようになった。

江戸時代に入って幕藩体制が安定すると，長期に及ぶ社会的安定，経済活動の活発化を背景に，庶民の文化が発達し，都市や農村の文化が発達した。また藩による地縁的な支配が長く続いたため，地方特有の文化が形成された。

幕府は社会的安定を期してさまざまな規制をかけ，建築にも規模や意匠の格式などの厳しい規制がかけられた。そのため建築全般に規格化が進むが，その一方で，表立たない部分に豪華な意匠を施す風潮も見られるようになった。

(1) 城郭と城下町

防御用拠点としての城は古代から例があり，中世では平時の**館**とは別に，**山城**が築かれていた。16世紀に入ると自領支配の拠点として不向きな山城は姿を消し，平地又は平地中の小高い丘を利用した**平城**又は**平山城**が主流となる。

縄張りと呼ばれる平面計画が重視され，**天守**を要する**本丸**を中心に，堀や土塁，石垣を巡らせて**曲輪**(くるわ)をつくり，各所に**櫓**(やぐら)を配して防御性を高めた。また**天守**には防火のための工夫を凝らし，16世紀後半には高層化する天守の構造にもさまざまな工夫が凝らされた。

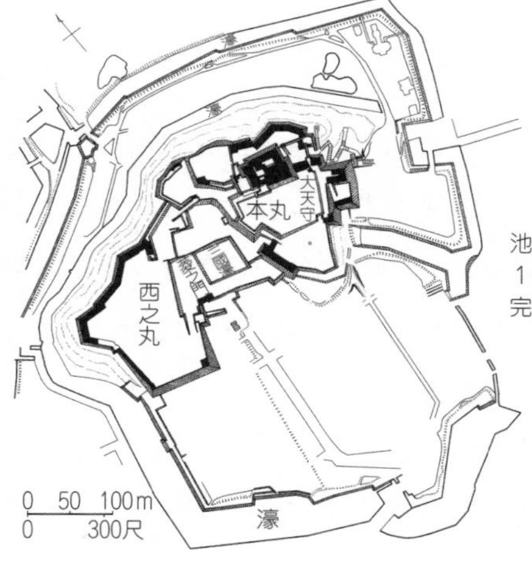

姫山を取り込んだ平山城。原型は中世に開かれたが，池田輝正によって現在の形に改変された。五重6階地下1階，全体を白漆喰で塗り固め，櫓を四方に巡らせる。完成された天守の形を現在に伝える。

図3－30 姫路城大天守（1609）

しかし，1615年の**一国一城令**発布により各所にあった城の大半が破壊され，以後，新規建造されることはなかった。各大名は城下に家臣や商工業者を集住させるようになり，**城下町**が形成されるとともに，城は政治的・経済的な拠点として機能するようになった。

城下町は地形に従って計画的に**町割り**され，社会的階級に応じて居住区画が決めらていた。また敷地面積や門構えなども規制され，厳しく統制された。道路は市内での戦闘に備えて，見通しが悪くなるように折れ曲がり，袋小路も数多く設けられた。

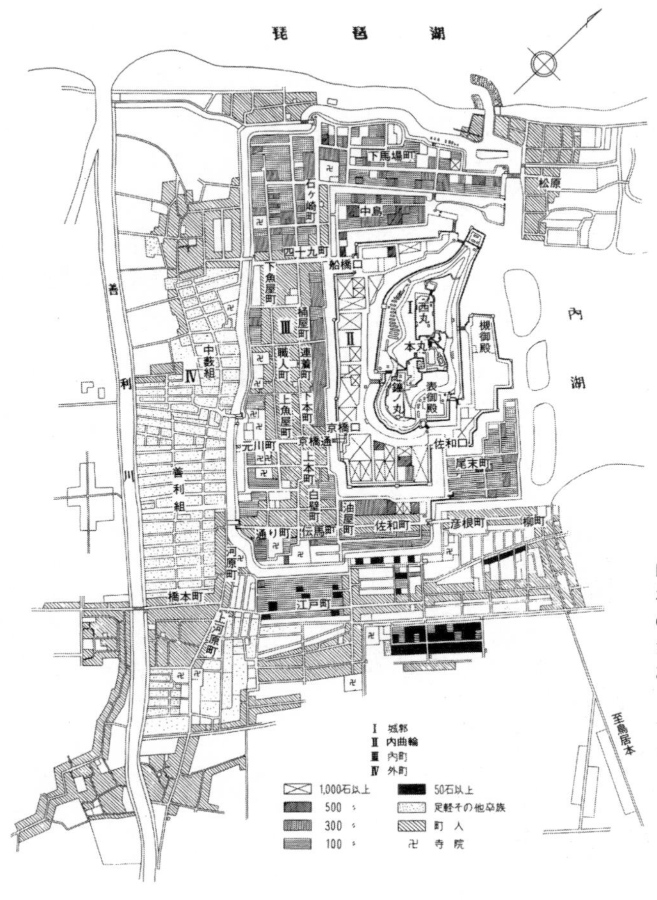

図3－31　彦根城下町

1604年以降整備が進んだ。彦根城の周囲を内堀が巡り，その外に高禄家臣の屋敷が配され，中堀が巡る。中堀と外堀の間は中級武士の屋敷と町屋が並び，外堀に面して寺院が置かれた。外堀外には下級武士の屋敷や町屋があった。

江戸では当初，庶民や下級武士の住宅は**板葺**や**茅葺**屋根が多かったが，**明暦**(めいれき)**の大火**（1657）以降，防火のために**瓦葺**が奨励され，細い部材を用いた簡素な構造の家屋に載せる軽量な瓦として，**桟瓦**が普及した。また漆喰(しっくい)で厚く塗り籠(こ)めた**土蔵造**も奨励された。

17世紀後半になると，急速に発達する都市文化を背景に，劇場のような娯楽施設，藩校や寺子屋など，さまざまな施設がつくられた。

（2） 上層住宅

上層武士の住宅は，複数の建築群から構成され，それらが軒を連ねて連続する複雑な空間を形成する。建築群は大きく3つに分けられ，接客用空間である**表**，政務や日常生活の場である**中奥**，私的空間としての**大奥**から構成される。全体の中心には**台所**が設けられ，その周囲には下働きの者のための建物群が置かれた。また敷地縁には中級以下の家臣を住まわせるための，塗籠（ぬりごめ）の**長屋**を連ねた。

表の主要空間である対面用の大広間は，**床・違棚・付書院・帳台構**（ちょうだいがまえ）を備え，壁や建具を障壁画で飾り，床や天井に段差を設けたり，意匠に変化をつけて空間の格式表現に工夫を凝らした。初期の例では，大広間の裏側の小室を私的な居間や寝室として用いたが，次第に居住機能が失われ，完全な接客空間として機能するようになった。このような建築を**書院造**と呼ぶ。

明暦（めいれき）**の大火**（1657）は江戸の諸大名の住宅を焼失させ，それを機に幕府はさまざまな建築規制を課すようになる。その結果，書院造の単純化・規格化が進み，様式的な完成を見た。また書院造は武士以外の上層住宅としても標準的に用いられた。

このような住宅は，初期は庭園に面して建てられたが，次第に各建物の前庭が区画されるようになり，主要な建物の前にそれぞれ小規模な庭園を設けるようになった。代わって郊外で地形を選び，広大な庭園を持つ屋敷が設けられるようになった。

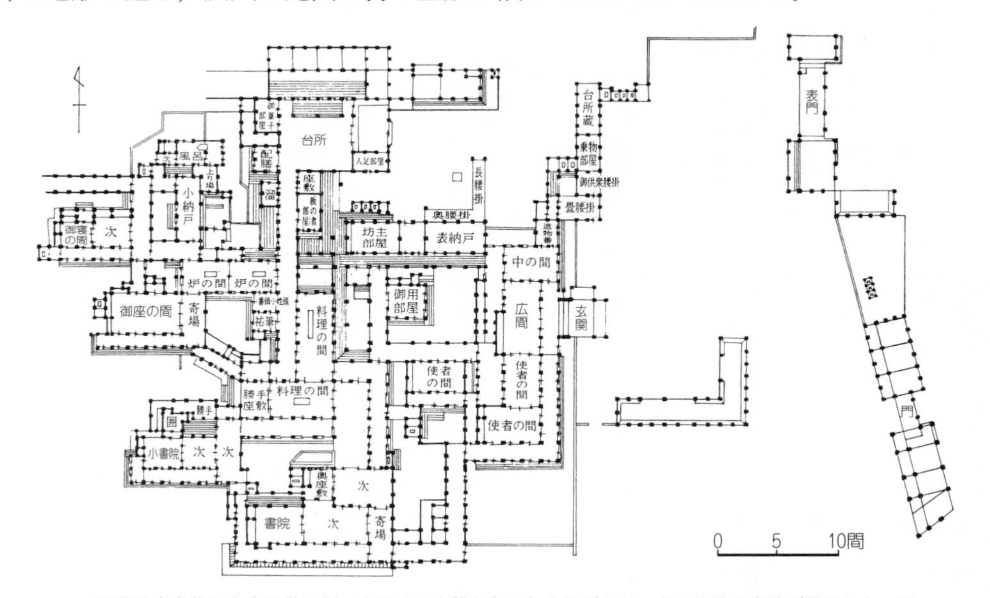

明暦の大火後の大名屋敷の例。東面する表門を入ると玄関があり，奥に複数の書院が置かれた。図中は表のみを示し，北及び西側にさらに建築群が連続する。

図3－32 宇和島藩伊達家江戸中屋敷配置図（1658）

江戸初頭の大広間の典型例。将軍上洛時の謁見所として用いられた。

図3－33　二条城二の丸御殿大広間内部（1626）

（3）　茶室と数寄屋

鎌倉時代初頭に禅宗がもたらした抹茶の風習は中世の上層武士に好まれ，会所での茶会が盛んに行われたが，次第に狭い空間が好まれるようになり，村田珠光（1422又は1423－1502），武野紹鴎（1502－1555）を経て，千利休（1522－1591）によって**草庵風茶室**の完成を見る。**草庵風茶室**は2畳～4畳半程度の空間で，土壁や**下地窓**などの素朴な意匠を用いる。茶室に至る**露地**とともに空間の一体性，精神性を強く志向し，趣向を凝らした独特の空間を形づくった。

数寄*屋，すなわち草案風茶室の意匠を書院造に取り入れた建築を，**数寄屋風書院**又は

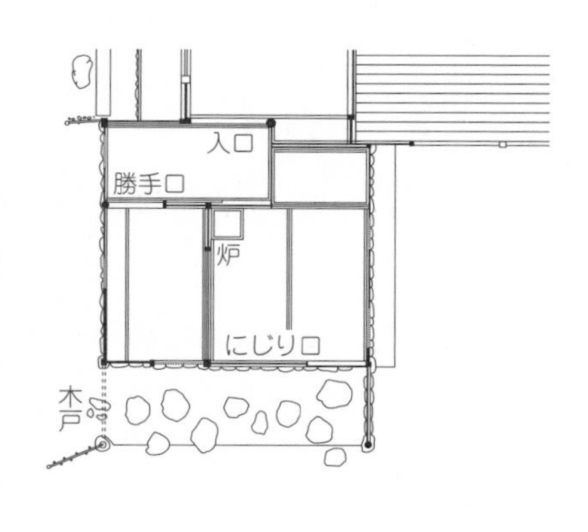

伝千利休造。床付き2畳隅炉の茶室，板畳付き次の間，勝手の間よりなる。面積は狭いが，天井の表現に工夫を凝らし，狭さを感じさせない内部空間を実現する。

図3－34　妙喜庵待庵（1582）

＊　**数寄**：数寄とは，元来和歌と関連して用いた語だが，室町時代の茶道の流行を経て茶道を指す語に変化した。江戸時代に至り，茶室を数寄屋と称するようになった。

数寄屋造と呼ぶ。その多くは奥まった居間や別荘として営まれ，土壁や丸太材などを用い，形式張らない個性的な意匠を凝らす。その内部意匠は，近代以降の**和風住宅**に大きな影響を及ぼすこととなった。

八条宮の別荘として造られた桂離宮の書院の１つ。簡素ながら選び抜いた材を用い，技巧を凝らした意匠を施す。

図３－35　桂離宮新御殿（17世紀中）

（４）　霊廟と宗教建築

信長・秀吉による天下統一は宗教勢力との戦いでもあり，比叡山延暦寺，石山寺などの巨大宗教派閥が大きな打撃を受けた。しかし，江戸幕府が確立されると社寺復興が行われ，江戸時代を通してきわめて多くの寺院が建設された。また，キリスト教禁制を契機に**寺請制度**（檀家制度）が徹底され，民衆は寺院によって戸籍を管理されるようになる。そのため地域の寺院は民衆に身近な場となり，儀礼や特に葬祭のために，本堂の**外陣**を広く取る平面が一般化した。

一方，秀吉の豊国廟（1599）を皮切りに，家康の日光東照宮（1636），家光の大猷院霊廟（1654）など，将軍や大名の霊を祀る霊廟建築が造られるようになった。社殿の形式は家康の諡号にちなんで**権現造**と呼ばれ，霊廟建築に用いられると同時に，神社社殿にも用いられ，全国で数多く建造された。

桃山から江戸初頭にかけては，戦国大名好みの豪放で華麗な建築が好まれたが，幕藩体制の安定とともに，落ち着いた上品な建築が造られるようになった。しかし，18世紀に入って幕府や藩の財政が悪化すると，民衆からの寄付が社寺の重要な財源となる。民衆にアピールするため，建築は華やかに飾られるようになり，具象的で立体的な彫刻や彩色が施されるようになった。

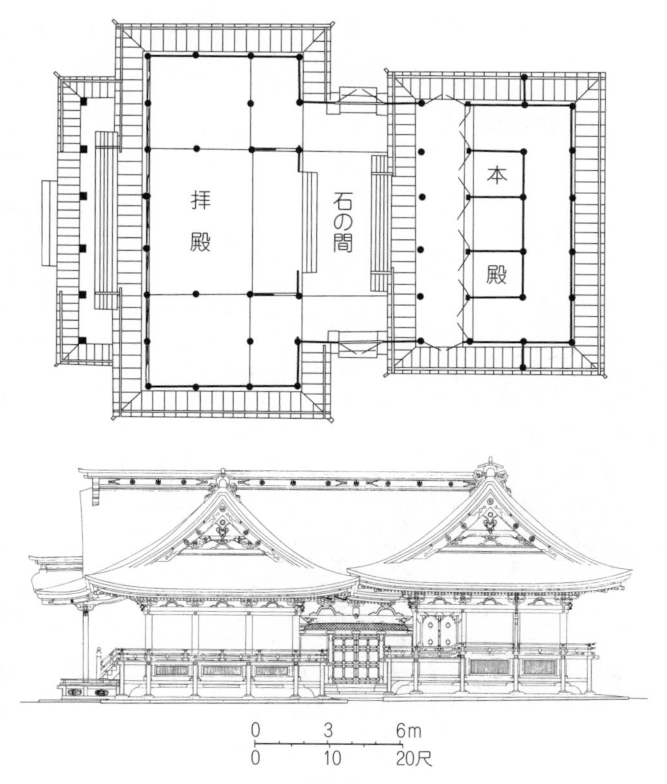

伊達正宗により造営された神社社殿。本殿ー石の間ー拝殿が連続して「工」字平面となる権現造の社殿は平安時代に発生した。近世の権現造はそれを手本とし，さらに発展させたものと理解される。**日光東照宮**以後の霊廟建築と同様，全体に彫刻や彩色を施す。

図３－36　大崎八幡宮本殿・拝殿（1607）

（5）民　家

近世初頭になると具体的な庶民住宅，すなわち**民家**の例が現存するようになる。民家の最も顕著な特徴は，地域色の豊かさである。気候や風土，生業の形態に応じて，平面・立面・断面は多様で，それぞれに特徴を持つ。**民家**のうち，農業や漁業を生業とするものを**農家**，商工業を生業とするものを**町屋**と分類する。

農家は一般に広い土間を持ち，これに続く板の間を広間とし，その奥を２室に分けた広間型，広間を２つに分けた四つ間取りの２種の平面が見られる。概して四つ間取りの方が新しく，現存例も多い。名主・庄屋と呼ばれる上層農家では，代官などの役人たちを応接するために，床・違棚・付書院を備えた座敷や玄関を設けることが許されていた。また，広い前庭を持つなど農作業に適した特徴を備え，茅葺の例が多い。

古くは掘立柱を用いたと考えられるが，現存する例のほとんどは礎石の上に土台を回し，角柱を立てる。断面は**上屋・下屋**から構成され，天井を張らずに小屋組を露出する例が多い。

町屋は城下町や宿場町などに造られ，敷地的制約が厳しいため，短冊状の狭い敷地に高密度で立ち並び，２層となるものが多い。敷地中央近辺に**坪庭**を置き，通風と採光，また道に面した公的空間と裏の私的空間の分節を行う。

都市部ではほかに，集合住宅としての**棟割長屋**があった。

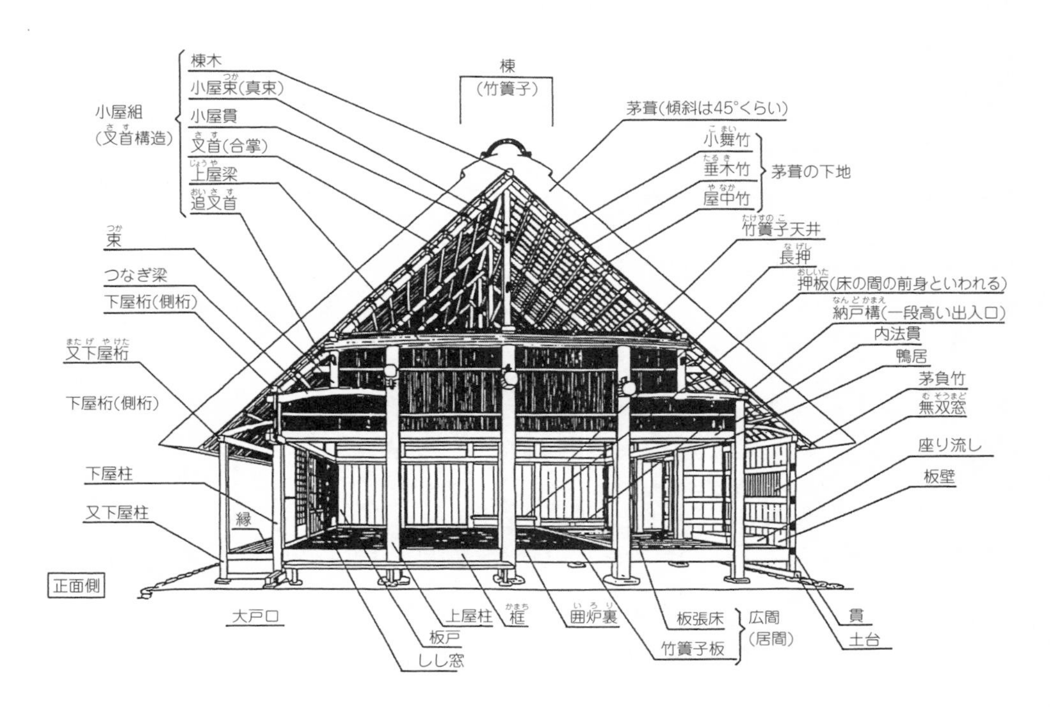

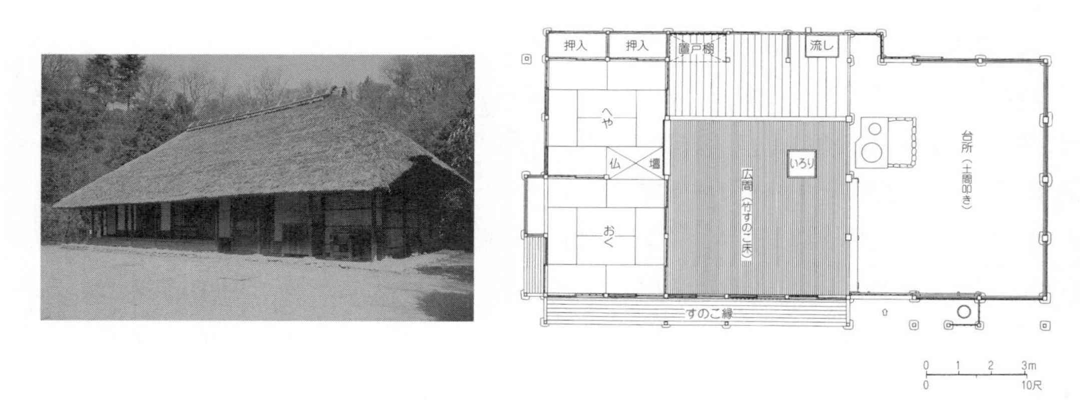

旧所在地は神奈川県秦野市。梁行２間桁行６間の上屋の周囲に下屋を巡らせ，さらに３方に庇を出す。広間型平面だが，広間の床の手前3/4を竹簀子，奥1/4を板敷とする。寄棟造茅葺。

図３－37　旧北村家住宅（1687）

（6） 生産組織の変化

戦国大名にとって，建築生産力は軍事力の一端であり，各地の大名は有能な職人を求め，自領の建設事業に当たらせた。戦国時代の気風と，工具の発達と**木割術**の形成は，従来の特権的職人集団の階層にとらわれない，能力本意の職人集団の形成を促すこととなった。

江戸時代に入ると，幕府や各藩は有能な職人を登用して職制に組み込み，建設事業に当たらせたが，**大工頭**や**大棟梁**などの職は世襲制だったため，結果的に技術の硬直化・形式化を招いた。

その一方で民衆経済の活発化，工具の商品化，木割術の完成は新興集団の成長を促し，その中から近代日本の建設事業を支える集団が登場することとなった。

（7） 木割書と雛形本（ひながたぼん）

中世に確立した**枝割制**は，さらに建物各部との寸法的な関係性を深めるようになり，中世末から近世初頭にかけて，**木割**として技法的に完成した。各匠家や大工個人によってさまざまな**木割書**が書かれ，さらに17世紀後半になると出版されるものも出るようになり，工匠の間のみならず，一般にも広く流布した。

木割は**一枝寸法**を基準として，全ての部材寸法を決定しようとする点を特徴とする。初期の木割書には敢えて不備や齟齬（そご）を残す規定も見受けられたが，時代が降るにつれて不備の解消が進んだ。

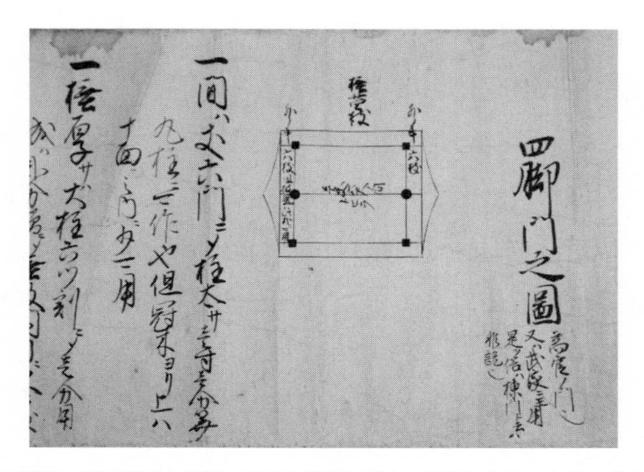

肉筆の初期木割書。江戸幕府大棟梁・平内家に秘伝書として伝承されたもの。全五巻。各種建築を様式ごとに記述する。

図3－38　木割書（平内政信（へいのうちまさのぶ）『匠明（しょうめい）』1608）

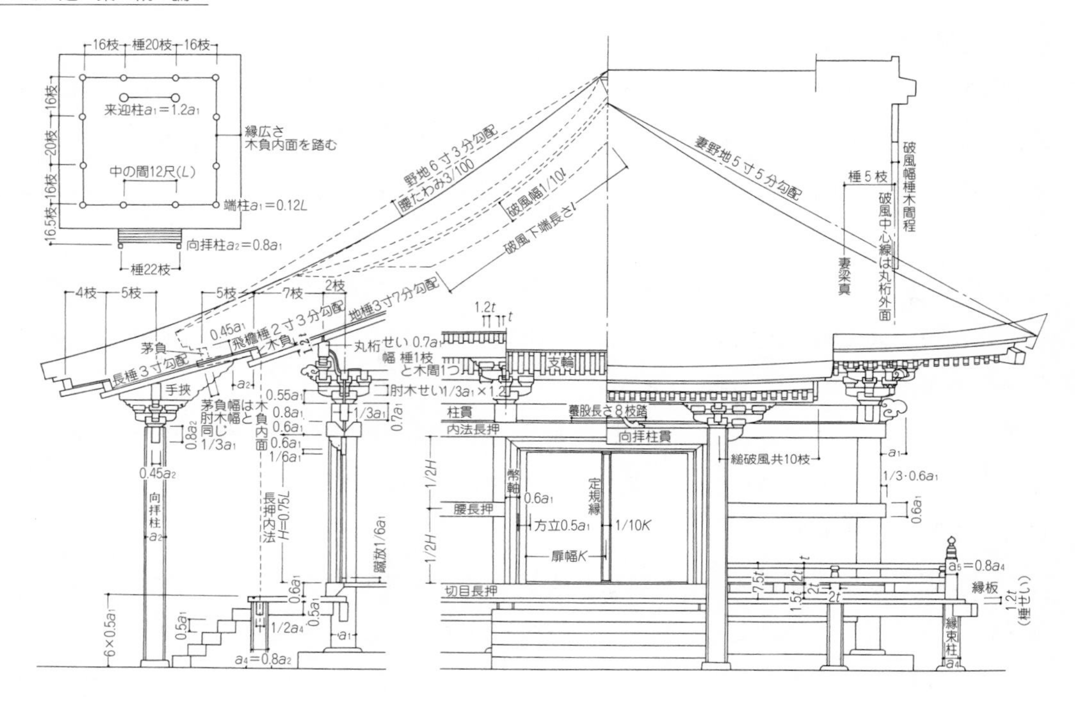

江戸幕府大棟梁・平内家によって伝承された秘伝木割書，『匠明』は1608年に当時の当主，平内政信によって記された。殿屋集・門記集・塔記集・堂記集・社記集の全五巻からなる。（作図伊藤要太郎）

図3－39 『匠明』の木割

一方，**畳**の使用が一般化したため寸法の規格化が進み，住宅の設計に大きく関与するようになった。また商業的な木材供給が行われるようになったため，木材寸法の規格化も進行し，建築規模の定型化・硬直化に影響を及ぼした。

座敷飾りや装飾技法など，格式と形式を重視する要素については，さまざまな**雛形本**が出版され，手本として用いられた。また和算の発達に伴い，建築細部の複雑な形状を精確に図化する技法である**規矩術**（きくじゅつ）が発達し，幕末から明治初期につくられた**擬洋風建築**や，新たに導入された**洋風建築**に柔軟に対応することのできた技術的基盤が完成した。

第2節　西洋建築史

2．1　古代エジプト（前3000～前30頃）

ナイル川の氾濫原（はんらんげん）を利用した農業が早くから発達したエジプトでは，神格化された国王（ファラオ）を頂点とする社会をつくり上げた。**古代エジプト**では霊魂の不滅が信じられ，将来の復活のときのために，遺体をミイラにして保存する習慣があった。そのため遺体を安置するための建築物である**墳墓**（ふんぼ）が発達した。

初期王朝時代（前3000～前2650頃）は遺体を砂中に埋め，その上に**日干し煉瓦**（れんが）を方形に積み上げた**マスタバ**が造られていたが，**古王国時代**（前2650～前2180頃）になると，マスタバを何重にも重ねた**階段ピラミッド**が造られるようになり，やがて巨石を整然と積み上げた**ピラミッド**が完成した。ピラミッドの周囲には**葬祭殿**や**神殿**が建てられるようになり，**中王国時代**（前2040～前1660頃）になると，王国の守護神としての**スフィンクス**も造られるようになる。

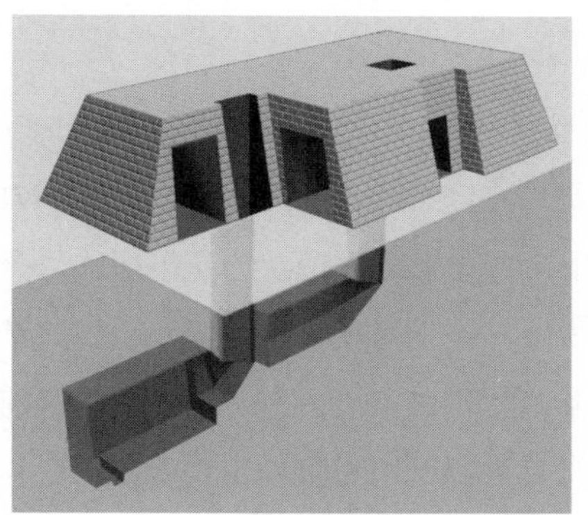

図3－40　マスタバ概念図（古王国時代）

当初は単純なマスタバとして計画されたが，４次にわたる拡張の結果，マスタバを６段積み重ねた形となった。元は石灰岩の切石で表面を仕上げた。手前に小神殿を持つ。

図3－41　ジョゼル王のピラミッド（サッカラ，前2640年頃）

新王国時代（前1570～前1070頃）になるとピラミッドの建設は下火になるが，替わって**神殿建築**が大きく発展し，塔門や傾斜路，多柱室などを備えた壮大な伽藍(がらん)が造られるようになった。柱が密に立ち並ぶ形式は，梁や屋根に石材を用いるためである。柱頭にはハスやシュロなどの植物をモチーフにした装飾が施された。

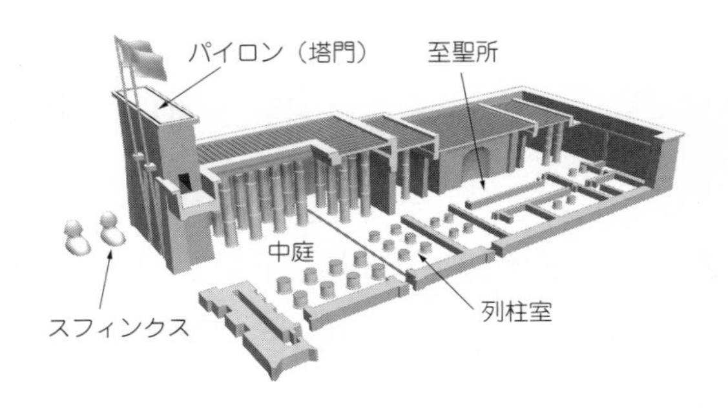

塔門，前庭，列柱室，聖舟室，至聖所を軸線上に並べる。神殿建築の典型例。カルナク神殿の一部を構成する。

図３－42　カルナクのコンス神殿復原図（前1200～前1085）

2．2　古代オリエント（前9000～前330頃）

チグリス・ユーフラテス流域のメソポタミア地方は，文化的に大きく南北の２地域に分かれ，シュメールを皮切りにバビロニア，ヒッタイト，アッシリア，アッカドなどの諸王国が興亡する複雑な歴史と文化を持つ。この地域は石材や木材に乏しいため，**日干し煉瓦**を主な建築材料として用いた。そのため現存遺構(いこう)に乏しく，初期の建築についてはよく分かっていない。

最も早い時期に栄えた**シュメール**は南部を中心とし，前3500年頃には灌漑(かんがい)施設を設けた都市文明を発達させた。高い基壇(きだん)を設け，その上に長方形の神殿を載せた建築形式があり，これが後に，**ジッグラト**と呼ばれる階段状の建築形式に発展していった。

北部を拠点としてメソポタミア全土を統一した**アッシリア帝国**（前８世紀）は短命に終わったが，その建築技術は新**バビロニア**（カルデア）**王国**（前７世紀末～前６世紀）に継承された。首都バビロニアには世界七不思議の１つに数えられる「空中庭園」や，バベルの塔のモデルとなったジッグラトがあったとされる。現存する王宮は，前3000年頃から用いられ始めた**焼成煉瓦**(しょうせいれんが)を用いて建造された。また王宮に隣接して，**イシュタール門**（城門）が位置し，その表面は浮彫り装飾を施して釉(ゆう)をかけた焼成煉瓦で飾られている。

アケメネス朝ペルシア（前６世紀後半～前４世紀後半）は，アッシリア・新バビロニアの技術を受け継ぎ，周辺地域から運んでくる石材や木材を利用して，巨大建築群を建造した。その代表例である**ペルセポリス宮殿**は，高い基壇を設け，主要な室内には多数の石柱を立ち並べたそれまでのオリエントにはない新しい建築形式を生み出したが，帝国の滅亡とともに廃れた。

オリエントの建築は，材料の乏しさを補う技術の発達に特徴がある。**煉瓦**で屋根を架けるための**アーチ構法**と**ヴォールト**，日干し煉瓦の表面を守るための**釉薬タイル**，薄い**石板**，**石膏プラスター**などが工夫され，それは後のローマ建築や，ビザンチン建築，イスラム建築の技術の基礎となった。

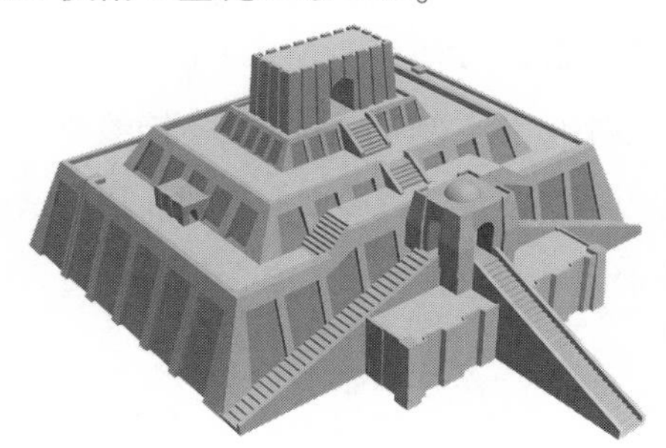

３層の階段状基壇の上に，月神の至聖所を載せたと考えられている。現存する基壇（２段目まで）は，日干し煉瓦を積んだ表面に瀝青を塗って仕上げる。ジッグラトは聖域内部にあり，聖域は周壁を巡らせ，神殿群を備えた広大な複合施設であった。

図３－43　ウル第３王朝のジッグラト復原図（前21世紀）

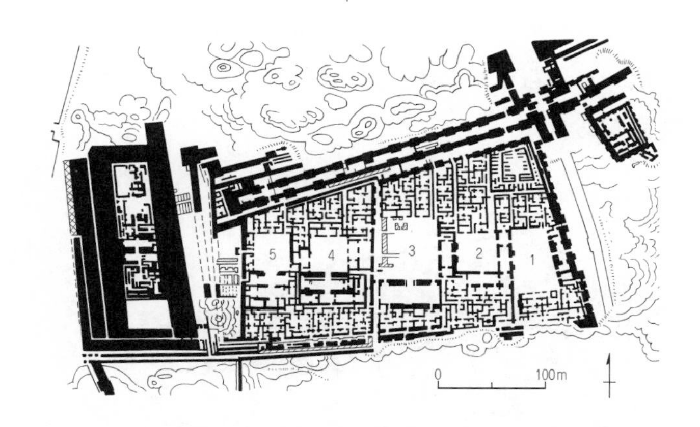

イシュタール門内側の西南区画を占める。東側に入口を持ち，中庭を中心とした５つの区画からなる。区画は東から順に，兵舎，官吏住宅と役所，王座室を含む王宮中心部，王の居住区，女官居住区である。また敷地東北隅に空中庭園があったと考えられ，それを支えたとおぼしいヴォールト天井が残存する。

図３－44　バビロニア王宮（新バビロニア，前７世紀末～前６世紀頃）

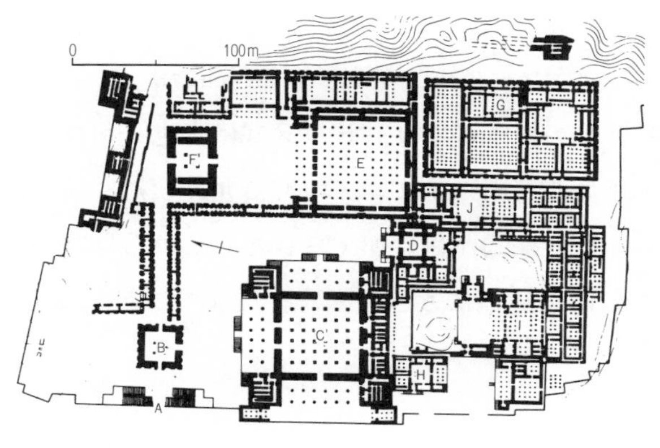

南北約470m東西約380m，正面高さ約18mの基壇上に２門５宮殿，ハレム，宝庫などの大規模建築が立ち並ぶ。

図３－45　ペルセポリス宮殿（アケメネス朝ペルシア，前６世紀末～前４世紀）

2．3　古代ギリシャ

前８世紀頃のエーゲ海では，ギリシャ人の建設した**ポリス**と呼ばれる都市国家が多数成立した。ポリスには必ず，**アクロポリス**と**アゴラ**が設けられた。アクロポリスは都市の要塞であり，市中の丘の周りに城壁を巡らせ，その中に都市の守護神を祀る**神殿**を中心に多数の建築を設けた。一方のアゴラは，市民生活の中心となる広場で，**神殿**・**議事堂**・**図書館**・**公共の泉**・**ストア**（柱廊）などの公共建築が設けられていた。また神殿の付近には**劇場**が設けられた。

（1）　神殿建築とオーダー

神殿建築は前９世紀頃から造られるようになり，当初は**日干し煉瓦**と**木材**を用いていた。前７世紀頃になると建築形式はそのままに，**石造**に置き換えられるようになり，前５世紀に様式として完成した。石材を金属のダボやくさびを用いて緊結し，接合面にモルタルを用いない点に特徴がある。

完成した様式（クラシック）の神殿の典型例。アテネによるギリシャ統一の象徴としての建築物であるため，ドリス式とイオニア式オーダーの両者を取り入れた。

図３－46　アテネのパルテノン神殿復原想像図（前５世紀）

神殿建築の外周を巡る柱と梁には２つの様式があり，**ドリス式**は本土・ペロポネソス半島などで，一方の**イオニア式**は，トルコ西海岸のイオニア地方で発達した。前４世紀になると，新たに**コリント式**と呼ばれる新しい様式が付け加えられた。これらは**オーダー**（図３－49参照）と呼ばれ，ルネサンス以降の建築に大きな影響を及ぼすこととなる。

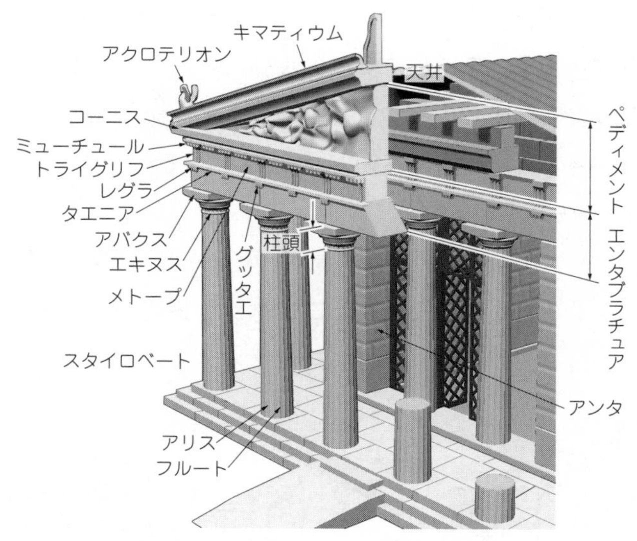

図3－47　ドリス式神殿の構造

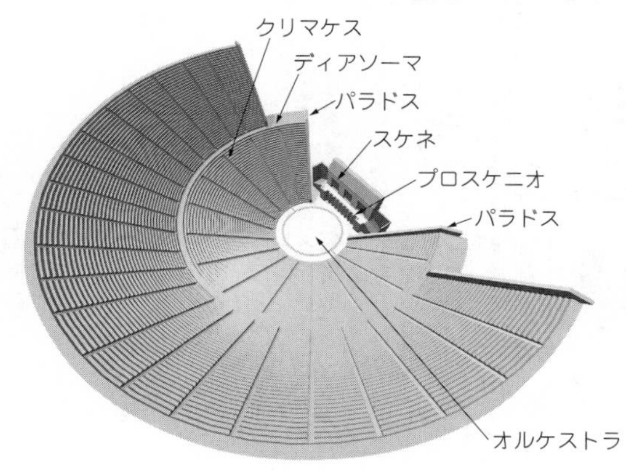

劇場は神事を源流とするので，原則的に神殿に近接して設けられた。3方を囲まれた擂鉢状（すりばちじょう）の敷地に，オルケストラ（底の部分となる円形の平場。中心に祭壇を設ける），テアトロン（見物席），スケネ（楽屋。背景としても利用された）から構成される。

図3－48　エピダウロスの劇場（前4世紀中）

2．4　古代ローマ

ヨーロッパの広大な地域を勢力下においたローマ帝国の始まりは，前8世紀にまで遡る。当時のイタリア半島は**エトルリア**人の支配下にあったが，**ローマ**は次第に力をつけ，地中海沿岸部を勢力範囲とする強大な国家へと成長していった。前27年に帝政に移行してからはヨーロッパ全土に拡大し，各地に建設された植民地を拠点に，「パクス・ロマーナ」と呼ばれる安定した時代を築いた。これらの植民地には，現在まで続く都市も多い。後395年，ローマ帝国は東西に分割され衰退することとなるが，その文化的影響はきわめて強く，後の西洋文化の基盤を形成した。

ローマは，勢力圏内のさまざまな文化を吸収・融合して独自の文化を形成したが，建築も例外ではない。**オーダー**を持つ建築の形式，**焼成煉瓦**や**石材・コンクリート**を用いた**アーチ**や**ヴォールト**の工法，**タイル**や**モルタル**を用いた表面仕上げの技法などがローマで集大成され，さらに改良を加えられた。この建築文化は植民地建設を通してローマ帝国の勢力範囲に広まり，後の西洋建築の基礎となった。

(1) ローマのオーダー

ローマではギリシャで用いられた3種のオーダーの細部に改変を加え，引き継いだ。さらに，イオニア式とコリント式を複合した**コンポジット式**や，ドリス式から彫溝（ちょうこう）を除いた**トスカナ式**を用いた。

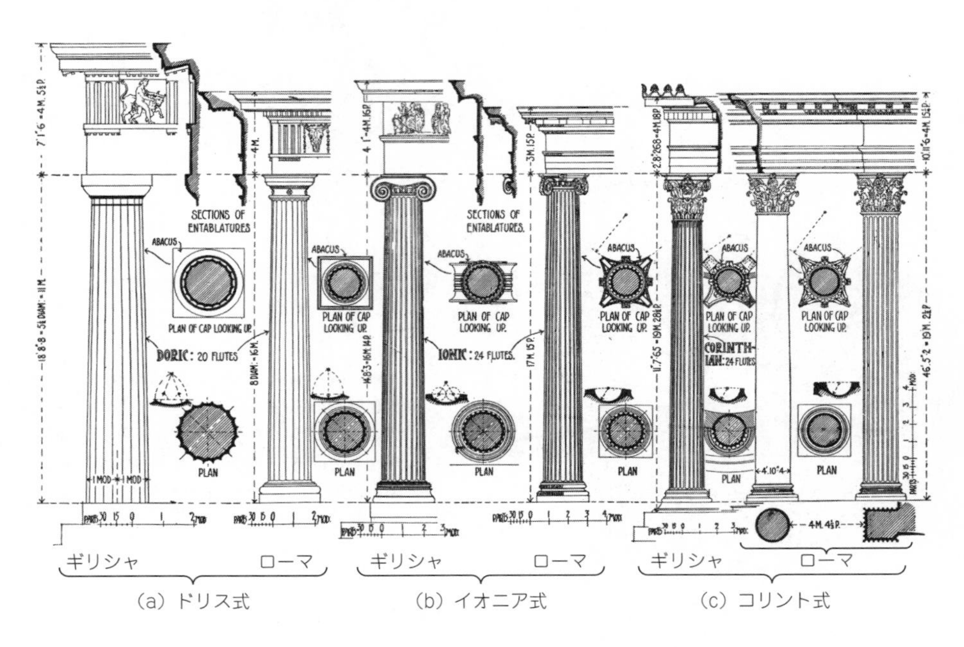

図3－49　ギリシャとローマのオーダー

(2) 神殿建築

ローマ神殿は先住民である**エトルリア**の神殿建築を受け継ぎ，これに**ギリシャ建築**の**オーダー**を取り入れた独自の形式を発展させた。高い基壇の上に立つ方形平面を持ち，神室入口には通常，列柱廊（れっちゅうろう）を設けた。また円形平面の神殿もしばしば建てられ，**パンテオン**はその代表例である。

(3) 都市と公共建築

ローマの都市は上下水道が完備され，主要道路は石で舗装されていた。また都市間を結ぶ街道も舗装され，長距離間の迅速な移動を可能としていた。

都市の中心は**フォルム**と呼ばれる広場で，**神殿**や市場・**バシリカ**（集会場）・祈念碑や祈念門が建ち並ぶ。市街には**劇場**・**競技場**・**浴場**など，多様な公共施設が設けられた。7～8層の高層共同住宅も造られ，高密度な都市生活を実現させた。

（4） ウィトルウィウスの『建築書』*1

紀元前後のローマの建築についてまとめた書として，**ウィトルウィウス**（前80／70～後25）の**『建築に関する十巻の書』**がある。「家を建てる術」「日時計を造る術」「器械を造る術」の3部門からなり，技術の専門的知識とともに，その基礎を成す広範な内容を含む。著者によれば，ギリシャのクラシック期からヘレニズム期における建築思潮を集大成したものであり，ギリシャ建築における**オーダー**や**調和（シュムメトリア）**の概念は，この書によって後世に伝えられた。

ウィトルウィウスの理論が当時のローマを代表するものであるかは疑問が持たれるが，ヨーロッパにおける最も古い建築書として，後世の建築学に多大な影響を与えている。

（5） バシリカと初期キリスト教建築

紀元1世紀にパレスティナで生まれた**キリスト教**は，当初ローマで激しい迫害を受けたが，313年にコンスタンティヌス帝によって公認されて以後，**教会堂**が盛んに建設されるようになった。必要な機能の類似性から，市場や裁判所・集会場として用いられていた**バシリカ**の形式が用いられた。**バシリカ**は一般に，身廊（しんろう）の両側に背の低い側廊を配し，周囲を壁で囲う矩形平面（くけいへいめん）を持つ。**身廊**と**側廊**の間は柱列で区切られ，身廊の上半には窓が設けられた。

円形や八角形・**ギリシャ十字形***2といった集中式平面を持つ建築形式もキリスト教に利用されたが，こちらは殉教者に捧げられた建築に多く見られる。これは後に**洗礼堂**としても用いられるようになった。

図3－50 ディオクレティアヌスの浴場（ローマ，306）

＊1 **ウィトルウィウスの『建築書』**：原題は『建築に関する十巻の書』だが，一般に「建築書」「建築十書」などと略される。

＊2 **ギリシャ十字形**：4本の腕が同じ長さになる十字形。これに対し，縦の腕が長い十字はラテン十字と呼ぶ。

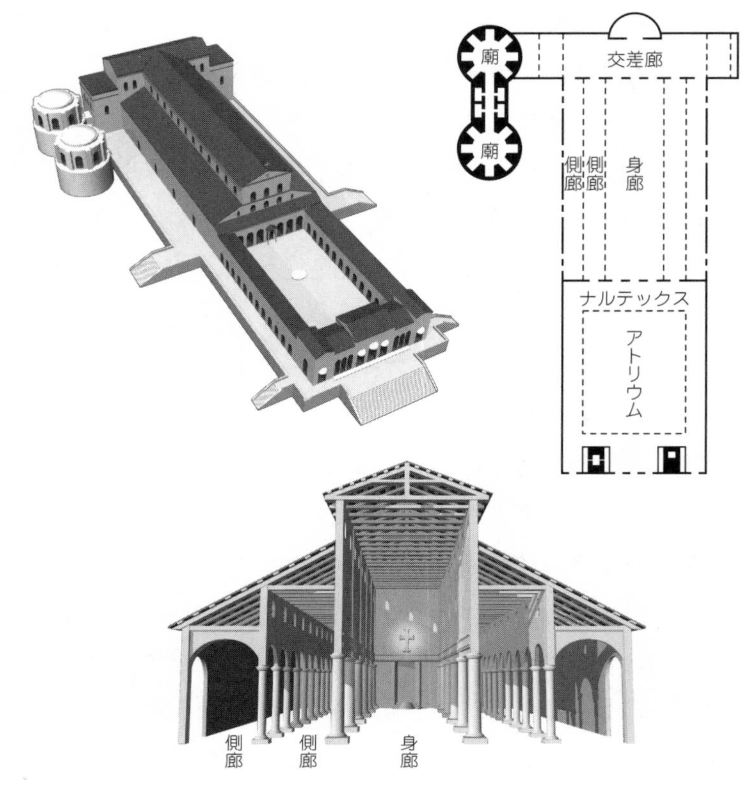

図3－51　旧サン・ピエトロ大聖堂復原図（ローマ，323）

2．5　ビザンチン建築

ビザンチン建築は，6世紀に**東ローマ帝国**で完成し，東ローマ帝国滅亡後もロシアやギリシャなどの**キリスト教**（**正教**）世界で造られ続け，地域色豊かな形式を生み出した。また**十字軍**の遠征を通して，中世ヨーロッパ世界にも大きな影響を及ぼした。

東ローマ帝国はオリエント地方を拠点としていたため，石材や木材に乏しく，煉瓦を用いた建築技術を発達させた。また壁面を飾る**モザイク**や**スタッコ**，**壁画**などの装飾技法も発達した。

（1）　ペンデンティブ・ドーム

ビザンチン建築の形式的特徴は，**バシリカ式教会堂**の矩形平面をいくつかの正方形に分割し，それぞれに半球ドームを架ける形式にある。正方形平面に内接するドームを架ける技法（**スキンチ・ドーム**）は，すでにササン朝ペルシア（3世紀～7世紀）や小アジアで行われていたが，ビザンチン建築は，方形平面に外接するドームを支える技法を考案した。これをペンデンティブ・ドームという。中央の大ドームの周囲には，半円ドームや小ドームをバランスよく配して構造的に安定させた。そのため平面は集中式となり，ビザンチン建築特有の空間を形成した。

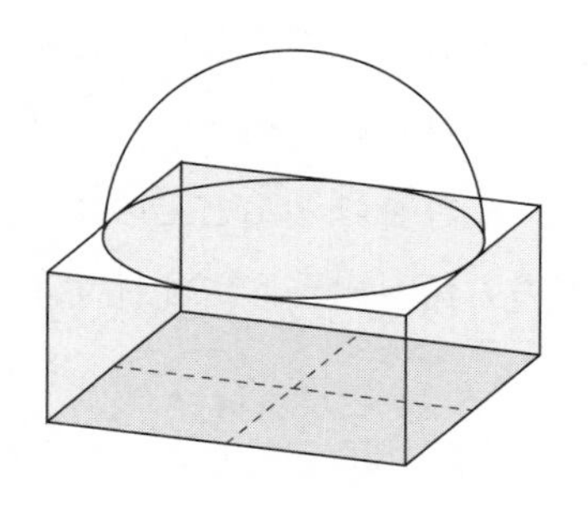

(a) スキンチ・ドーム

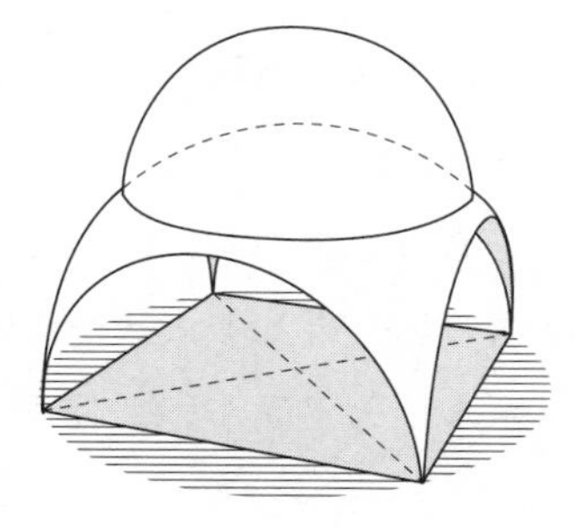

(b) ペンデンティブ・ドーム

図3－52　ペンデンティブ・ドーム模式図

ドーム内部

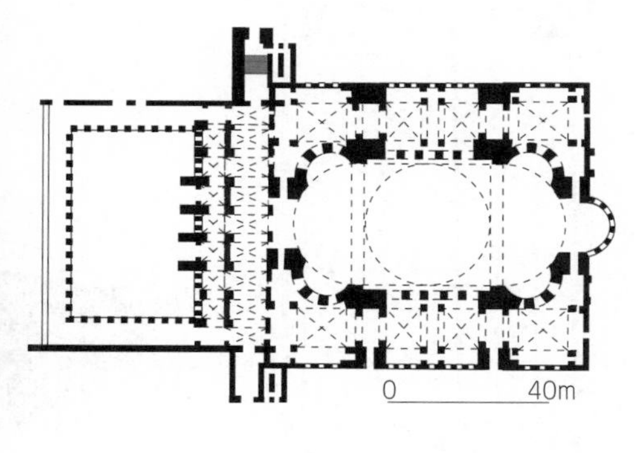

平面図

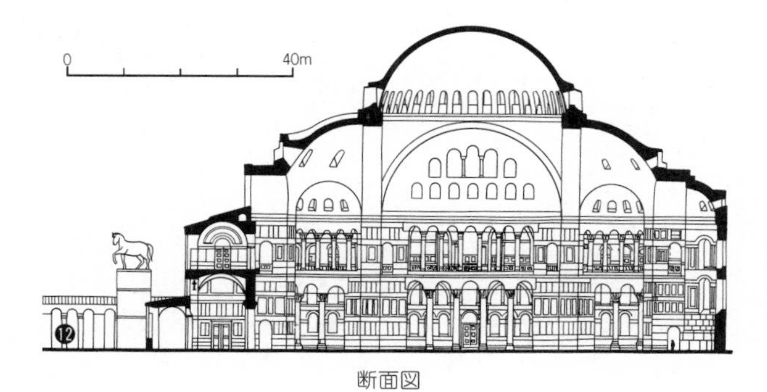

断面図

初期ビザンチンのペンデンティブ・ドームの好例。537年に完成するが，ドームは何回か崩落し，そのたびに補修された。教会堂として建造されたが，1453年にオスマン帝国によってモスクに転用された。中央ドームの4辺を切り落とし，前後に半円ドームを取り付け，さらに周囲に大小のドームを架け渡し，全体で集中式の平面を実現する。中央ドームの断面は巨大なアーチで支えられる。

図3－53　ハギア・ソフィア（イスタンブール，537）

2．6　イスラム建築

7世紀に興った**イスラム教**は，アラブの隊商民族を中心に，広大な地域に広まった。アラブ人は固有の建築様式を持たないため，**モスク**（礼拝堂）の建築形態にも特にこだわりはなく，勢力を拡大した地域に優れた建築があれば，それをほとんどそのまま転用した。ただし，新築する場合は，多人数が同時に，メッカの方角へ向かって礼拝するのに適した横長の列柱ホール型の平面が好まれた。

モスクには，ミフラーブ*1・ミンバール・泉水を囲む中庭・ミナレットといった独特の施設が設けられた。さまざまな形のアーチやムカルナス*2など，特有の建築形態が生み出された。また教義上，人間や動物をモチーフとした図像表現が禁止されていたため，文字や植物をモチーフとした**アラベスク**や**幾何学紋様**が考案され，壁面を飾った。

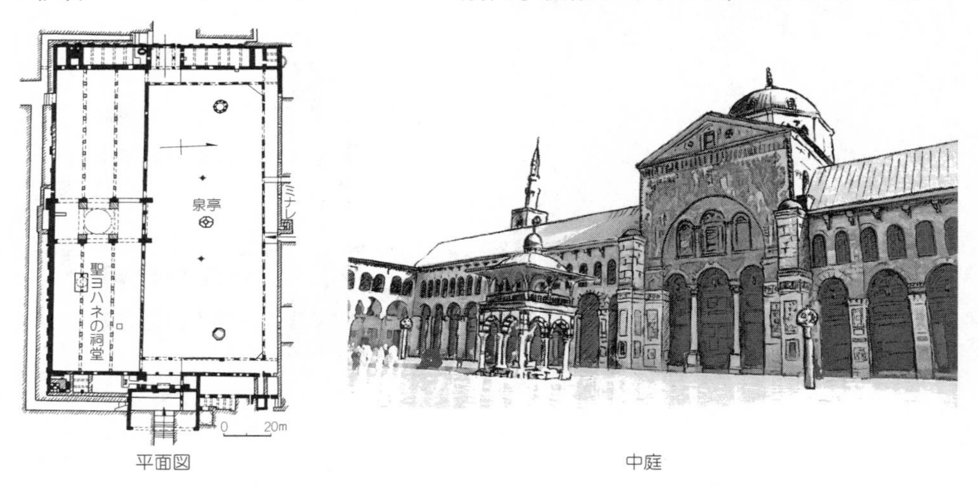

礼拝堂の中心に大ドームを載せ，色大理石やモザイクで装飾する。ビザンチン建築を模倣したもの。

図3－54　ウマイヤド・モスク（ダマスカス，707～715）

＊1　**ミフラーブ**：聖地メッカの方向を示す壁のくぼんだ所。ミフラーブに向かって礼拝が行われる。その脇には司祭がコーランを朗唱するための壇である，ミンバールが設けられる。中庭の泉水は，礼拝に際して体を清めるために必要とされた。またミナレット（光塔）は，コーランの朗唱や会衆を呼び集めるために用いられる。

＊2　**ムカルナス**：ハニカム・ヴォールトとも。小さな曲面を組み合わせ，大きな凹曲面をつくる装飾。

2．7　ロマネスク建築

西ローマ帝国滅亡（5世紀後半）後のヨーロッパ社会は長い混乱期を経て，8世紀末にゲルマンの諸国王を統合した**シャルルマーニュ**（カール大帝，在位768－814）のローマ皇帝位即位によって新たな時代を迎える。

シャルルマーニュは，**カロリング朝ルネサンス**と呼ばれるローマ再興の文化運動を企図し，建築においては，ローマ建築であるラヴェンナの**サン・ヴィターレ**（6世紀）を模して，アーヘンの**宮廷礼拝堂**を建設した。しかし，彼の死後，諸国は再び分裂し，新しい社会的秩序の構築は，**ザクセン公オットー**（皇帝在位962－973）まで待たなければならなかった。

オットーがローマ教会に承認されたローマ皇帝に即位するのと同時に，フランス中部の**クリュニー修道院**では，修道院制度の改革運動が開始される。一般に，ロマネスク建築はこの頃より始まったとされる。

ロマネスク建築は，10世紀～12世紀の西北ヨーロッパで，主に**教会建築**を対象に展開したが，地域色がきわめて強く，統一的な形式を持たない。また造られた期間も，地域ごとに差が生じた。基本的にはローマ建築の技法を用いるため，建築を構成する各要素や技法に，特に目新しい点は少ないが，細部の改良や配列，用い方に特徴があり，次の**ゴシック建築**の，特に教会堂の形式を決定づけることとなった。

（1）　教会堂平面の変化

教会堂建築には従来の**バシリカ式**が主に用いられたが，東端のアプス（後陣）が拡大し，全体で**ラテン十字形**の平面をとるようになった。また前面に双塔を建てるようになり，次の**ゴシック教会堂建築**の標準的平面が形成された。これらの変化は主にフランスで見られた。

（2）　内部空間の視覚的分節

身廊・側廊間のアーケード（柱列）の部分で，支柱と支柱に呼応する位置に取り付ける円柱状の意匠（シャフト）などを用い，空間を分節する視覚的効果を生み出した。天井まで届く長大なシャフトを用いて身廊壁面全体を垂直に分割したり，支柱の意匠を交互に変えたり，支柱の間をさらに分割して，小さなアーチを架けるなどの方法がとられた。またこれに呼応して，ヴォールト天井の意匠も工夫され，さまざまに展開した。これらの技法は，次の**ゴシック建築**で統合されることとなる。

(3) ヴォールトの多用

それまで木造であった天井が，石造の**トンネルヴォールト**や**交差ヴォールト**に置き換えられ，その結果，半円形アーチが扉口・窓・アーケードなどの至る所に現れるようになり，**ロマネスク建築**の基本要素となった。石造ヴォールトの荷重に耐えるため，壁は重厚・堅固で，開口部は少ない。また横力を押さえるために，**側廊**の上に**バットレス***（控壁）を設けることも行われた。

交差ヴォールトはローマ建築で既に用いられていたが，**ロマネスク建築**ではその欠点を改良し，長方形平面や多角形平面にも容易に架設可能で，強度も高い技法が考案された。

さらに12世紀になると，フランス北部やイギリスで，稜線部の下側にリブを設けた**リブ・ヴォールト**が考案される。**リブ・ヴォールト**は，従来の**交差ヴォールト**に比べ施工が容易で，リブ間のヴォールト面を軽量化するなど多くの利点があり，次の**ゴシック建築**の標準的な工法となった。

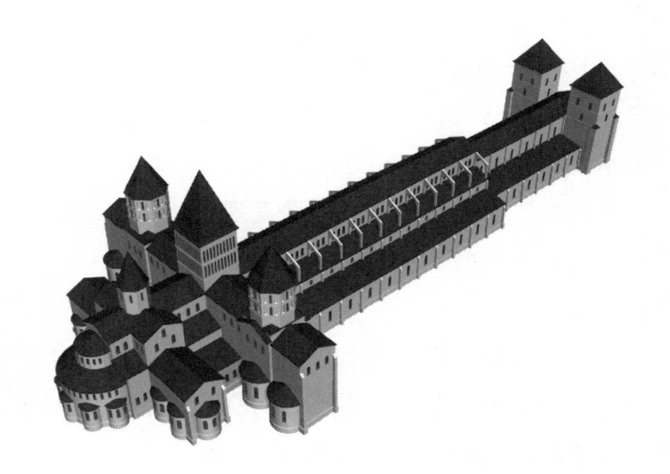

拡大したアプス，ラテン十字形平面，前面の双塔を備える当時の教会堂建築の模範となった。

図3－55 クリュニー修道院第三教会堂（1089～1108）

＊ **バットレス**：ドームやヴォールトの横力を押さえるための補強壁。

外観

内部

アーケードのピアに天井まで届くシャフトを付加した例。また天井にリブ・ヴォールトを使用した早い例の１つである。

図3－56　ラ・トリニテ（カーン，11世紀）

長方形交差ヴォールト

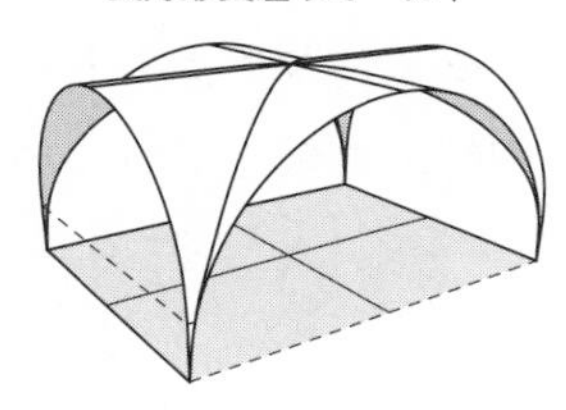

正方形交差組

（a）交差ヴォールト

長方形ペンデンティブ

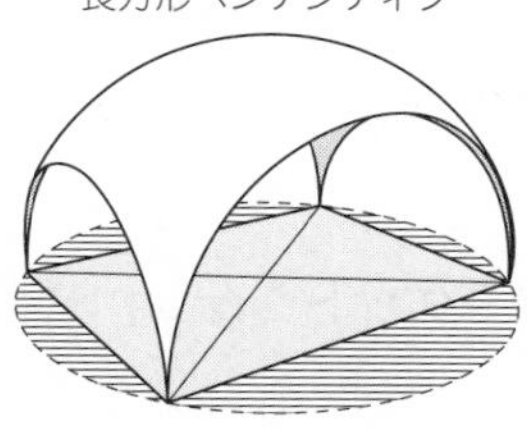

正方形ペンデンティブ

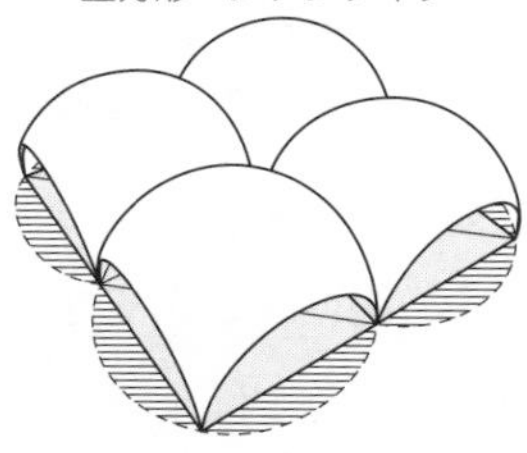

（b）ロマネスク時代のヴォールト（ペンデンティブ・ヴォールト）

ローマ建築の交差ヴォールトは原理的には２本のトンネルヴォールトを直交させる形であるため，交差部に現れる稜線は，曲率の低い楕円形アーチとなる。構造的に不利であるほか，長方形平面に架ける場合は，ヴォールト頂点の高さを揃える必要があるため，アーチの支持点高さを変化させなければならないなど，多くの困難を伴った。これに対し，ロマネスク建築では交差部の稜線も半円アーチに造り，ヴォールト面が盛り上がる形式を考案した。これは構造的に有利であるほか，各辺に架かる横断アーチと交差部のアーチの高さが無関係になるため，長方形平面への架設も容易である。11 世紀には尖塔アーチが用いられるようになり，交差ヴォールトの造形はさらに自由になった。

図3－57　交差ヴォールト

2．8　ゴシック建築

ゴシック建築は，フランス北部に12世紀中頃に登場した新たな建築形式で，13世紀初頭に最盛期を迎える。当時の強大な教皇権，十字軍派遣に代表される熱心なキリスト教熱を背景とした盛んな教会堂の建設によって，教会堂建築の標準形として，カトリック教圏のほぼ全域に広がった。ロマネスク建築が地方性に富んでいたのに対し，ゴシック建築は統一的な様式が国際的に用いられた。

尖塔(せんとう)アーチ*，**リブ・ヴォールト**，**フライング・バットレス**の３要素を組み合わせる。いずれも以前からある技法だが，ゴシック建築ではこれらの技法を洗練させ，総体的に安定した構造として完成させた。高さ・細さを追求する表現を持ち，広くとった開口部にはステンドグラスをはめ込み，光にあふれた内部空間を実現した。

初期は高さへの追求が競うように行われたが，後期（13世紀中）にリブ・ヴォールト崩落事故を境として，繊細さ・華麗さを強調するようになり，尖塔アーチやリブ・ヴォールトの形や表現にさまざまな工夫が行われるようになった。特にイギリスでは扇型のリブを持つ複雑なヴォールトが発達した。

建設に当たった職人親方の中には外国から招聘(しょうへい)され，国際的に活躍する者もいた。彼らは石工術を中心とする広範な知識や技術を持ち，聖職者と同等の尊敬を受けていた。

2．9　中世の世俗建築

ゴシック建築が現れた時代は，ヨーロッパ全体が比較的安定した社会状況にあった。多くの都市が築かれ，国際的な都市間交易が行われるようになり，人々の社会生活が充実していった。それとともに**ゴシック建築**の技術を用いた**世俗建築**がつくられるようになり，用途に応じて工夫を加えながら，独自に展開していった。

都市は**教会堂**とその前の広場を中心に，**市庁舎・城・マーケット**を配し，周囲に住宅が建てられた。外敵の進入に備えた市壁(しへき)を設けることも多い。また，さまざまな職業の組合が結成され，その会館も市内に建設された。面積の限られた区域に密集して建設されるため，高層建築が一般化した。

封建領主，高位聖職者など支配階級は，中世初期は防衛を主眼とした城郭を建設したが，社会が安定するに従い，居住性を重視した石造建築へと変化していった。庶民の都市

＊　**尖塔アーチ**：スパンよりも長い半径を持った２本の弧からなり，頂点が尖(とが)ったアーチ。中央により大きな力が掛かるため横力を低く抑えることが可能で，半円アーチより構造的に安定している。弧の半径を調整することで，頂点高さの調節も容易である。

住宅は一般に木造又は煉瓦造で造られた。

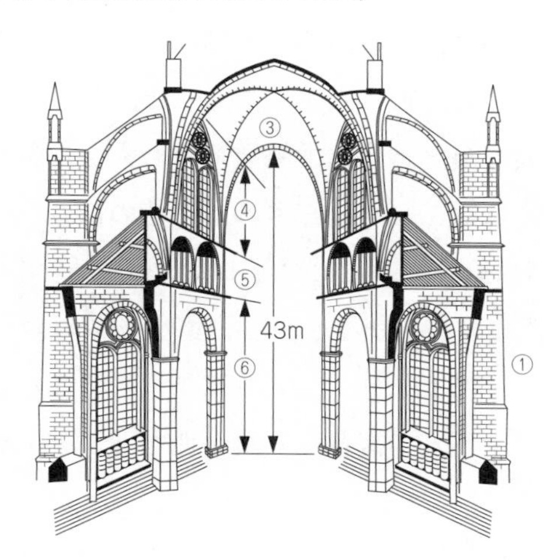

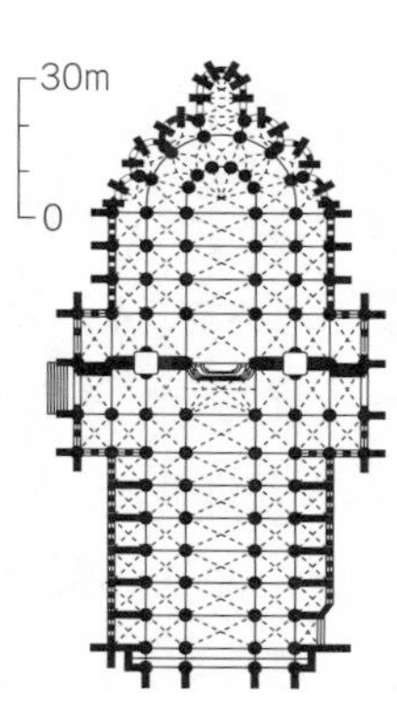

図3－58　アミアン大聖堂（1220起工，1270完成）

2．10　ルネサンス建築

ルネサンス建築は，15世紀にイタリアで始まり，やがてヨーロッパ各国に波及した古典主義的建築である。静的な調和や秩序を表現することを理想とし，古代ローマの**オーダー**を絶対的規範とした。また美の基準として，全体と各部の秩序だった調和（ハルモニア）が重視された。建築は宇宙の基本原理を表現すべきとされ，その際に規範とされたのは音楽**和音**と**人体比例**である。正方形や円形といった幾何学的に整った形態を集積し，求心性の強い造形が好んで用いられた。技術面ではビザンチンやイスラム建築の長所が取り入れられ，工夫が施された。

このような造形を実現するために，広い教養と見識，芸術性や創造性を兼ね備えた**建築家**が必要とされた。ここに初めて，建築家個人の個性，独創性といった要素が重視されるようになり，建築家に高い社会的地位が認められるようになった。

人間性復興のルネサンスでは，**教会建築**とともに**世俗建築**にも大きな関心が払われた。公共施設や邸宅（**パラッツォ**）の造形には工夫が凝らされ，独特の様式を生み出した。

ルネサンス建築の初期（1420～1500）は，主にフィレンツェで展開するが，サヴォナローラ（1452－1498）による神政政治が始まると，芸術家の多くはローマへ逃れ，以後はローマが中心となる（盛期1500～1530）。しかし1520年代後半になると政治・宗教の改革による社会不安が高まり，緊張や不安・複雑さ・新奇性などが強く求められるようになる。これを**マニエリスム**と呼ぶ。

ルネサンスの思潮は広くヨーロッパに伝播（でんぱ）したが，各地域で隆盛の時期やその展開はさまざまである。

（1） 建築論の展開

ルネサンスの建築家たちが規範としたローマの古代建築が主に参照したのは，**ウィトルウィウスの『建築書』**である。人文主義者である**アルベルティ**（1404－1472）はこれを研究して建築比例と５つのオーダーを発見し，それを『**建築論**』（1451頃）にまとめた。

16世紀に入るとウィトルウィウス研究は盛んとなり，**セルリオ**（1475－1552）による建築書（1537～1551），**パッラーディオ**（1508－1580）による『**建築四書**』（1570）など，多くの建築家によって建築論が書かれた。これらの著書は印刷されて広く流布し，ヨーロッパ諸国の建築に影響を与えた。

（2） オーダー

ルネサンス建築にとって，**オーダー**は単なる意匠ではなく，柱と柱間，柱の各部位，梁などの寸法の厳密な比例関係を示す建築規則であり，建築美の究極の形である。そのため，“オーダーのどのような比例関係が真の美であるか”という問題が建築議論の中心となった。オーダーの各部位は，ウィトルウィウスの『建築書』に従い，基本単位である「**モデュルス**」の整数倍で決定された。

このオーダーは**セルリオ**の著作を通してヨーロッパに広がり，建築美の重要な規範として，18世紀まで参照され続けることとなった。

（3） ルネサンスの主な建築家

ブルネレスキ（1377－1446）：金細工師から建築家に転身した。ローマ遺跡の調査を行ったと伝えられ，単純な比例を用いた均整のとれた造形を行った。ルネサンス建築の様式を確立した。

アルベルティ（1404－1472）：人文主義者として深い教養を持ち，新様式の古典主義的性格を強調し，以後のルネサンス建築の古典主義化を推進した。ローマの凱旋門やコロッセオを研究し，建築立面に新しい様式を生み出した。

ブラマンテ（1444年頃－1514）：盛期ルネサンスを代表する建築家。ローマ遺跡に強い刺激を受け，より荘重（そうちょう）な古典主義的建築様式を確立した。

パッラーディオ（1508－1580）：マニエリスムを代表する建築家。古典主義的性格を受け継ぎながら，古典的要素を自由に組み合わせた独創的な造形を行った。職業建築家として最初の人物である。

側廊幅基準とした１：２の比例で内部空間を構成する。

図３－59　サント・スピリト
（フィレンツェ，ブルネレスキ，1436設計）

ローマのコロッセオに倣い，オーダーを３層に重ねる。これは後のパラッツォ建築の標準的な造形となった。

図３－60　パラッツォ・ルチェルライ
（フィレンツェ，アルベルティ，1446～51）

ルネサンス期の教会は，このように中央部に高く突出したドームを特徴とする。テンションリング（ドーム下部に巡らせる木や鎖の輪）を用いることでドームを構造的に安定させるため，ゴシック建築のフライング・バットレスを必要としない。

図3－61 テンピエット
（ローマ，ブラマンテ，1502～10）

平面は徹底した対称形で，神殿建築の立面を正面に利用したモニュメンタルな造形は，18 世紀のイギリスでもてはやされ，多くの模倣を生んだ。

図3－62 ヴィラ・カプラ
（ヴィツェンツァ，パッラーディオ，1567起工）

2．11 バロック建築

1506年より始まるローマの**サン・ピエトロ大聖堂**の建替えは膨大な資金を必要とし，教皇レオ10世（在位1513－21）は財源確保のために免罪符（めんざいふ）の販売を開始する。これに対する疑問を契機に**宗教改革**の大きな動きが生まれることとなった。また，西北ヨーロッパでは**絶対王政**の確立とともに諸国が勢力を伸ばしつつあり，社会情勢は不安と混乱の中にあった。バロック建築はその中から生まれた。

バロック建築は発祥地であるイタリアで16世紀末から18世紀中頃まで流行した。激しい凹凸や曲面，錯視の利用など，さまざまな技法を駆使し，感情に強く訴えかける，より劇的な効果を生んだ。

オーダーなどの**古典的モチーフ**はしばしば変則的に，又は変形して用いられ，各部分の均斉よりも全体的な一体感が重視された。特に楕円形のモチーフが好んで用いられ，ルネサンス的な求心性を強く保ちながらも，動的な造形が行われた。

17世紀以降はヨーロッパ各国に伝播し，王権を背景に展開するが，受容の度合いは各国で大きく異なる。ドイツ語圏の一部では比較的よく継承されたが，フランスやイギリスでは要素の利用にとどまる傾向が強く，独自の造形を行った。

(1) バロックの建築・建築家

イタリアではサン・ピエトロ広場やバチカン宮殿のスカラ・レジアを設計したベルニーニ（1598－1680），古典建築の規範を守りながら全く新しい劇的な効果をつくり出したボッロミーニ（1599－1667）がいる。

フランスではルイ14世（在位1643－1715）の治下で，絶対王政の威信を示すためにバロックが利用された。古典主義的傾向が強く，ヴェルサイユ宮殿｛建築：ル・ヴォー（1612－1670），造園：ル・ノートル（1613－1700）｝やルーブル宮殿東立面｛ペロー（1613－1688）｝がその代表例である。

ドイツ・オーストリアでは帝国の威信を表現する建築をつくり出したフィッシャー・フォンエルラッハ（1656－1723），他のドイツ地域ではアザム兄弟｛兄（1686－1739）・弟（1692－1750）｝，バルタザール・ノイマン（1687－1753）などが知られる。

イギリスではレン（1632－1723）が**ロンドン大火**（1666）からの復興に際し，バロック的な建築を多数設計した。

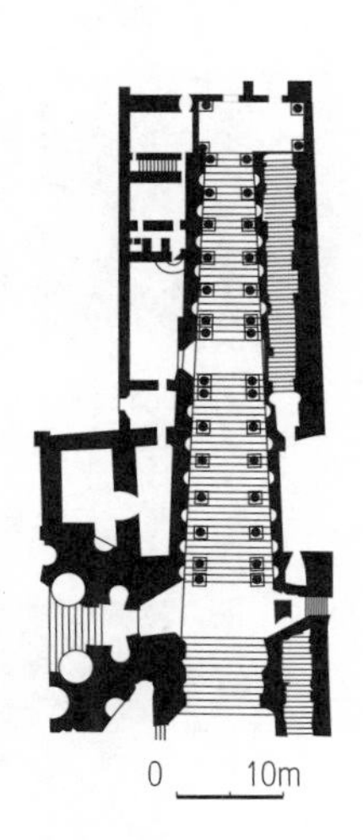

バチカン宮殿のスカラ・レジア
サン・ピエトロ及びコロネードから法王庁へ入る大階段を先すぼまりとし，錯視を利用して奥行きを演出している。

図3－63 スカラ・レジア（ローマ，ベルニーニ，1663～66）

２層にまたがる大オーダーを使用し，きわめて独創的な造形を持つ。

図３－64　サンティーボ・デッラ・サピエンツァ（ローマ，ボッロミーニ，1624～50）

細部は古典主義的だが，巨大なスケール，立体感を強調する。フランス・バロック建築の典型例。

図３－65　ルーブル宮殿東立面（パリ，ペロー，1667～72）

建築と彫刻が境界なく融合し，幻想的で劇的な空間をつくる。

図３－66　ザンクト・ヨハン・ネポムク教会堂（ミュンヘン，アザム兄弟，1733～46）

第3節　近代建築史

3．1　19世紀の概要

（1）　啓蒙主義の影響

18世紀のヨーロッパでは**啓蒙主義**（けいもうしゅぎ）が高まりを見せ，**合理主義・人間中心主義**の理想の下に，**近代科学**の基礎が形成された。

近代科学は新たな知識をもたらしたが，それは従来の価値観の転換を迫る側面も持っていた。特に考古学の発達は，遺跡の調査を通して，それまで認識されていなかったさまざまな時代や文化の相違を明らかにし，絶対的な規範と考えられていた古典様式が，歴史の一部として相対化されることとなった。それに対し，改めて規範を希求する動きが起こり，両者のせめぎあいの中で，さまざまな思想や運動が生み出されることとなる。

（2）　工業化と資本主義の進展

それまでの手仕事に代わり，機械を用いた生産は，それまで不可能だった効率を実現する。工場は既存の都市や村落とは関係なく，機械の動力源である水や石炭を得やすい場所に築かれ，やがて工業都市へと発展していく基礎となった。

農業技術と医学の進歩は人口の急増を招き，農村部の過剰人口は労働者として都市に集まる。その結果，工業都市では深刻な住宅不足が起こり，劣悪な生活・衛生環境が都市問題として認識されるようになった。

資本主義の進展に伴い，建築にも商品としてのデザイン性や経済効率が求められるようになった。また，建築素材としての**鉄**や**ガラス**，後にはこれと組み合わせたセメントの新しい使い方（**鉄筋コンクリート**）が考案され，新しい建築の形を生み出す契機となった。工場や鉄道駅，オフィスビルなど，新しい用途への対応が求められ，建築の形についてのさまざまな提案が行われるようになった。

3．2　19世紀の建築

（1）　新古典主義（18世紀中～）

啓蒙運動の高まりと，考古学の進展による新しい知識は，**古典主義**の教養を見直し，その理念の単純さ・明快さ・合理的な秩序を，より厳密にとらえ直そうとする動きを生み出した。しかし，19世紀に入るとその理想は形骸化（けいがいか）し，理念的統一性を失っていった。

図3－67　ベルリン王立劇場（シンケル，1818～1821）

（2）　ゴシック・リヴァイヴァル（18世紀後～）

ピクチュアレスク*，近代国家形成によるナショナリズムの形成，キリスト教復興運動の影響を受け，**民族主義的**な建築運動が起こる。その範となったのが各地に残るゴシック建築の様式であったために，**ゴシック・リヴァイヴァル**と呼ばれる。歴史学，考古学の成果が加えられるに連れ，豊かさを増すと同時に重厚ともなり，**ネオ・ルネサンス**，**ネオ・バロック**などに展開していった。19世紀に入るとネオ・ルネサンスが主流となり，19世紀の様式主義建築を代表する形式となった。

図3－68　イギリス国会議事堂（ロンドン，バリー，1840起工）

（3）　エンジニアの建築（19世紀中～）

鉄やガラスを当初積極的に用いたのは，専門的な建築の知識を持たない技術者だった。

* **ピクチュアレスク**：16世紀からイギリスで起こった造園運動を源流とし，18世紀以降，建築・美術などさまざまな分野で用いられた概念。従来の幾何学的に整形された庭園ではなく，あたかも自然のままであるかのような風景を人工的に造形する。文学や美術で18世紀に起こったロマン主義運動と複雑に関連しながら発展した。

そのため従来の建築とは大きく異なる形態を備えていた。しかし，建築家が**鉄**や**ガラス**を積極的に用い始めると，随所に建築的な要素が付加され，かえって様式的な建築の造形に近づく結果となった。

図3－69　クリスタル・パレス（ロンドン，パクストン，1851）

3．3　モダニズム・20世紀の建築

1870年代に入ると，近代の重要な理念の1つである「自由」がある程度達成され，同時にその問題点もはっきり見えてくるようになった。その中で新たな理想，新たな目的を探ろうとする動きがさまざまに起こり，それらを総称して**モダニズム**と呼ぶ。

（1）　アーツ・アンド・クラフツ（19世紀中）

19世紀中頃のイギリスでは，手仕事による日用品の形を粗雑に模倣した機械生産の粗悪品が横行していた。思想家・芸術家・中世主義者である**ウィリアム・モリス**（1834－1896）はその状況を批判し，中世の職人とは芸術家であり，彼らの高水準の手仕事は，労働＝芸術創造の喜びの結実であると主張した。このような中世礼賛から，芸術は労働の喜びの表現であり，芸術は万民のもので，身の回りのものに美と秩序をもたらすべきであるというモリスの思想が生まれた。その考えを実践するために設立されたモリス・マーシャル・アンド・フォークナー商会は，機能・簡潔さ・材料の誠実な使用を重視しながら，家具・壁紙・ステンドグラスなどの制作を始めた。

モリス商会の商品は高価であったため，モリスの意図に反して一部の愛好家にしか受け入れられなかったが，その試みは大きな影響力を持った。特に芸術家の目を再び日用品に向けさせたこと，環境を改善するためには社会体制にも目を向ける必要があることを初めて認識したことが重要である。

(2) アール・ヌーヴォー(19世紀末)

モリスの美術工芸運動，絵画における印象主義，日本美術などの影響を受けて，過去の様式よりも自然界の造形に多く範を求めた。左右対称の植物の蔓(つる)のような，しなやかな曲線を多用するのを特徴とする。

建築におけるアール・ヌーヴォーは1890年代にベルギーのブリュッセルに始まり，瞬く間にフランス，ドイツなど，ヨーロッパの国々に波及した。ベルギーのビクトル・オルタ（1861－1947)，アンリ・バン・デ・ベルデ（1863－1957)，イギリスのチャールズ・レニー・マッキントッシュ（1868－1928)，フランスのエクトール・ギマール（1867－1942)，スペインのアントニオ・ガウディ（1852－1926）がいる。

図３－70　タッセル邸（ブリュッセル，オルタ，1893)

図３－71　地下鉄入口（パリ，ギマール，1901)

図３－72　グラスゴー美術学校(図書室，マッキントッシュ，1893)

図３－73　カサ・ミラ(バルセロナ，ガウディ，1910)

(3) ウィーン分離派（ゼツェッシオン，19世紀末）

1897年のウィーンでは，アーツ・アンド・クラフツ，アール・ヌーヴォーの影響を受け，グスタフ・クリムト（画家，1862－1918）を中心とした芸術団体，ウィーン分離派が結成された。オットー・ワグナー（1841－1918），ヨゼフ・マリア・オルブリッヒ（1867－1908），ヨゼフ・ホフマン（1870－1956）らによって，アール・ヌーヴォーと同様の，しかしもっと直線的で単純なデザインが生み出された。

図3－74　ウィーン郵便貯金局（ワグナー，1906）

(4) 都市改造の試み

19世紀初頭になると，都市問題に対するさまざまな解決案の提言が始まる。空想社会主義者たちは，労働者が集団生活を行う**小ユートピア**を提唱した。また，各国政府も衛生や集合住宅に関する法律を整備し始める。19世紀後期には，オースマン（政治家，1809－1891）による**パリ改造計画**など，大都市の大規模改造も行われるようになった。幅の広い道路を新たに建設し，交通問題に対処することを主眼としていた。

図3－75　ゼツェッシオン館（ウィーン，オルブリッヒ，1898）

1898年にイギリスのエベネザー・ハワード（1850－1928）は『明日－社会改革への平和な道』を出版し，人口数万，都市と農村の利点を併せ持つ「**田園都市**」の建設を提唱した。

(5) シカゴ派（1880年代）

1871年のシカゴ大火後の復興に伴って起きた急速な人口集中が原因となり，シカゴでは土地の高騰が起きる。それに対処するため，土地の有効利用を目指して建築の高層化が始まった。当初は組積造を用いたが，やがて**鉄骨造**が導入され，特に鋼鉄の大量生産が可能となった1880年代後半以後は，構造材に鋼鉄を用いた**高層ビル**が一般的になった。19

世紀後期に実用化された**エレベーター**も高層化の実現に大きな役割を果たした。この時期，シカゴで高層ビルの設計を行った建築家たちを**シカゴ派**と呼ぶ。

高層ビルの立面を美的に処理するのは難しい課題だったが，ルイス・サリバン（1856－1924）は立面を低層部・中間部・頂部に３分割し，それぞれに異なる機能を持つこれらの部分にそれぞれ異なるデザインを施すことで，巧みな解決法を見いだした。

図３－76 ギャランティ・ビル（バッファロー，サリバン，1895）

シカゴへの人口集中とともに，郊外には**住宅地**が開発され，独立住宅が建設され始めた。サリバンの弟子であったフランク・ロイド・ライト（1867－1959）は，建物の高さを低く抑えて水平線を強調した住宅のデザインを生み出した。

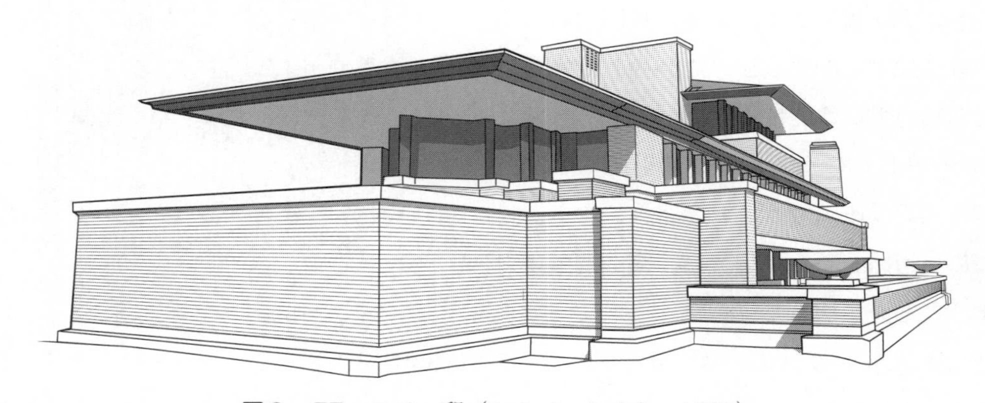

図３－77 ロビー邸（シカゴ，ライト，1909）

（６） ドイツ工作連盟（1907）

19世紀末に渡英して建築とデザインを研究したドイツの建築家ヘルマン・ムテジウス（1861－1927）は，イギリス住宅に見られる快適さ，機能性を精力的にドイツに紹介した。これを契機として1907年にドイツ工作連盟が成立し，効用・機能を重視し，質の高い製品づくりを目指した。

ペーター・ベーレンス（1868－1940）は，1907年にドイツの電気メーカーA. E. G. の芸術顧問となり，工場，工員宿舎，電気製品，ポスターなどのデザインを手がけた。芸術家と近代の最先端産業が，初めて積極的に協力する意欲を示した画期である。

ワルター・グロピウス（1883－1969）は，ファグス靴工場で建物の隅角部にガラスの**カーテンウォール**を大胆に用い，新しい建築表現を示した。

（7） 未来派（20世紀初頭）

イタリアの詩人マリネッティ（1876－1944）によって始められた芸術運動で，過去の芸術の徹底破壊と，機械化によって実現されたスピードを賛美した。

アントニオ・サンテリア（1888－1916）は，1914年に「未来派建築宣言」「新都市」計画案を発表し，建築や都市にスピードとダイナミズムを取り入れることを提案した。

（8） 表現派（20世紀初頭）

第1次世界大戦直前のドイツで始まった芸術運動で，厳しく不安定な社会状況を背景に，芸術家の個人的感情の表現を目指した。建築においては自由曲線，半円形，鋭角の多用などを特徴とする。

アムステルダムでも同様に自由な造形を目指す建築家グループが現れた。これを**アムステルダム派**と呼ぶ。

図3－78　ファグス靴工場（アルフェルト，グロピウス＆アドルフ・マイヤー，1911）

図3－79　「新都市」（サンテリア，1913-14）

図3－80　アインシュタイン塔(ポツダム，メンデルゾーン，1924)

(9) デ・スティル（1917）

オランダ・ライデンで1917年に結成された芸術家グループで，普遍的で根源的な価値を追求し，水平・垂直線と平滑な面，赤・青・黄の３原色と無彩色のみを用いて建築を構成した（図３－81）。

(10) ロシア構成主義（20世紀初頭）

ロシア革命（1917）後のソビエト連邦（1991年解体）では，科学技術に対するロマンチックな賛美を元に構成主義が起こった。建築における構成主義は，近代的な構造形式を積極的に採用し，その構造的特質を最大限に強調した。ほとんどが計画案にとどまったが，その造形はヨーロッパの建築家に大きな影響を与えた（図３－82）。

図３－81　シュレーダー邸（ユトレヒト，リートフェルト，1925）

図３－82　高層建築案「雲の支柱」（リシツキー＆シュタム，1924）

(11) バウハウス（1919～1933）

グロピウスは1919年にワイマール美術学校と工芸学校の校長となり，両者を合併再編成してバウハウスと名付けた。1923年頃から機械による大量生産を前提とするインダストリアル・デザインを目標として，幾何学的で単純なデザインが行われた。1925年にはデッサウに移転し，基礎課程の上に建築課程が設けられた。

著書『国際建築』（1926）の中でグロピウスは「技術の進歩と合理主義に立脚する新時代の建築は風土や民族の違いを越えて国際的に共通のものになる」と述べた。

1933年，ナチス政権によって閉鎖され，グロピウス，ミース・ファン・デル・ローエ（1886－1969）など，主だった建築家はやがてアメリカへ亡命した。

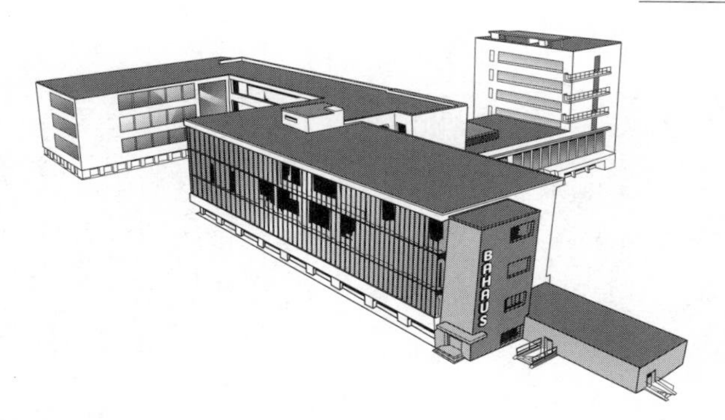

図3－83　バウハウス校舎（デッサウ，グロピウス，1926）

(12)　ル・コルビュジエ（1887－1965）

1908年よりオーギュスト・ペレ*（1874－1954）の下で働き，鉄筋コンクリート造を学ぶ。1920年代には建築や都市に関する新しい提案を次々に発表し始め，「住宅は機械である」という言葉は，彼の**機能主義**を象徴する言葉と解釈されている。

1914年に発表した**ドミノ・システム**は，床スラブとそれを支える6本の柱からなる構造体で，鉄筋コンクリート造を用いれば，壁や窓は自由に付加したり削除したりできることを示した。後にそれを発展させた「新しい建築の5つの要点」として，「ピロティ・屋上庭園・自由な平面・横長窓・自由な立面」をあげた。これは1920年代後期の彼の作品や1931年に完成したサヴォア邸に見ることができる。

また，異なる機能を分離し，太陽・緑・空気・交通システムを考慮した都市計画案の提案も行った。

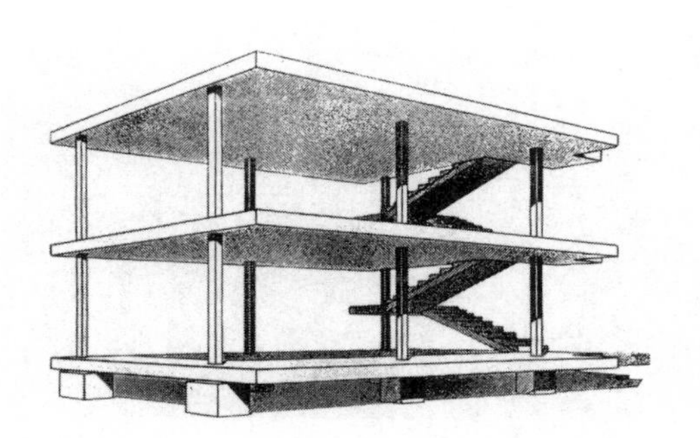

図3－84　ドミノ・システム（ル・コルビュジエ，1926）

図3－85　サヴォア邸（ポワシー，ル・コルビュジエ，1926）

＊　**オーギュスト・ペレ**：当時建築に用いられ始めていた鉄筋コンクリート造の特徴を活かし，柱－梁構造を立面にそのまま表現した新しいデザインを生み出した。

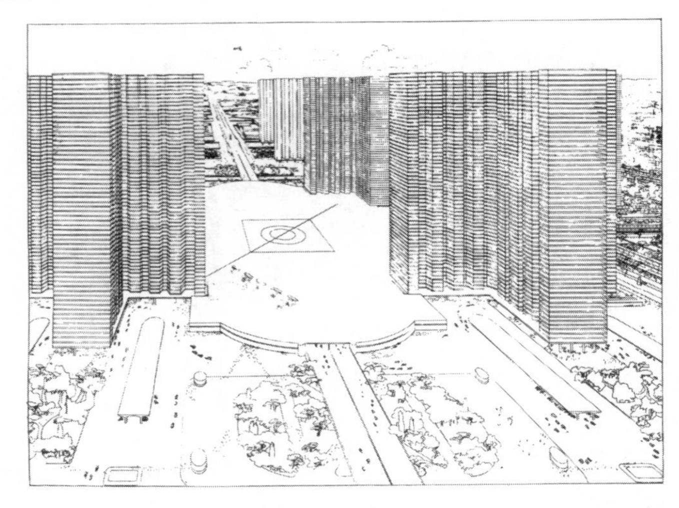

図3－86 プラン・ボアザン（ル・コルビュジエ，1925）

(13) ＣＩＡＭ（近代建築国際会議，1928～1959）

1928年にル・コルビュジエが中心となって結成された建築家による国際会議で，生活最小限住居，機能的都市など，さまざまな問題が討議された。1933年の討議内容を基にまとめられた**アテネ憲章**で近代都市問題の解決法を示し，機能別のゾーニング・高層のみの住宅群など，現在から見ると問題も指摘できるが，近代建築家による都市計画の集大成として注目すべきものである。

3．4 近代建築の伝播と変容

(1) 1930年代のヨーロッパ

1920年代の近代建築形式に中心となった国々に代わって，1930年代にはイギリス，スイス，スカンジナビアの国々で近代建築が造られ始めた。1930年代の近代建築は1920年代に形成された理論や造形表現に従いつつも，各地の実情に即して多様な展開を見せた。

図3－87 ソビエト宮殿コンペ当選案（イォーファン他，1932）

ドイツやイタリアでは，**ファシズム**の台頭を背景に，国家の権威を強調する建築が求められ，古典主義的な建築も建設された。ソビエト連邦でも同様の動きが起こった。

（2） 1930年代のアメリカ

ヨーロッパから移住したルドルフ・シンドラー（1887－1953）やリチャード・ノイトラ（1892－1970）は，1920年代にヨーロッパで成立した新しい様式をアメリカに伝えた。

1931年にニューヨーク近代美術館（MOMA）で近代建築に関する展覧会が開かれ，展覧会を組織したH. R. ヒッチコック（1903－1987），P. ジョンソン（1906－2005）によって1932年『インターナショナル・スタイル』が出版された。この本の中で彼らは，1922年以降の近代建築には，造形表現の上で国際的に共通の特徴があると主張し，これを「**インターナショナル・スタイル**」と呼んだ。その特徴は以下の３点である。

① 建築を重々しい固まりとしてではなく，非物質的なボリュームの表現（空間）としてとらえる。

② 左右対称よりも均斉・規則性を重んずる。

③ 付加装飾を排除する。

図３－88 ロベル邸（ロスアンゼルス，ノイトラ，1929）

その代表例としてバウハウス校舎やサヴォア邸，バルセロナ万国博ドイツ館（ミース，1929）などをあげた。

さらに，1930年代後半にはグロピウス，ミースらが相次いで移住し，これらがアメリカに近代建築を普及させる契機となった。

図３－89 イリノイ工科大学クラウンホール（シカゴ，ミース，1946）

アメリカ移住後のミースは，鉄とガラスを多用する建築を数多く生み出した。彼の提唱した「ユニバーサル・スペース」は，単純な直方体の大きな内部空間を用意することによって，いかなる機能にも対応しようとするものである。

(3) 有機的建築

1930年代後半のF. L. ライトは，国際建築（インターナショナル・スタイル）と呼ばれる**工業主義的建築**を批判し，人間が建築に求める合理性は，工業生産方法が要求するものとは異なり，建築は「有機的」でなければならないと主張した。カウフマン邸（落水荘，ペンシルベニア州，1937)，ジョンソン・ワックス本社事務棟（ラシーン，1939)，グッゲンハイム美術館（ニューヨーク，1959）など，その特徴のある造形から，「**有機的建築**」と称される。フィンランドのアルバー・アアルト（1898－1976）も，曲面や自然素材を多用し，敷地条件を重視した暖かみのある建築をつくる有機的建築の代表的建築家である。

図3－90 カウフマン邸（落水荘）
（ペンシルベニア州，ライト，1937)

図3－91 ジョンソン・ワックス本社事務棟
（ラシーン，ライト，1939)

図3－92 オタニエミ工科大学（オタニエミ，アアルト，1969)

(4) 第2次世界大戦後

イギリスでは大都市への無秩序な人口集中を避けるため，1946年にニュー・タウン法を制定し，人口6～8万人のニュータウンを数多く建設した。

また，ル・コルビュジエによるチャンディガール（インド・パンジャブ州，1951～56），ルシオ・コスタ（1902－1998）とオスカー・ニーマイヤー（1907－）によるブラジリアなど，近代建築家の設計による都市も建設された。いずれもそれまでに近代建築家が提唱してきた理論を実践した計画であったが，実際には理論通りに機能せず，近代都市計画の限界を認識させる契機となった。

ミースのシーグラム・ビル（ニューヨーク，1958）を契機に，鉄骨造の**超高層建築**が世界中でつくられるようになった。1970年頃からは単純な箱形の表現からの脱却を図ろうとする動きが見られるようになり，また内部に巨大な**吹き抜け**をつくることも行われ始めた。

図3－93　シーグラム・ビル（ニューヨーク，ミース&ジョンソン，1958）

図3－94　BMW本社ビル（ミュンヘン，シュバンツァー，1972）

（5）　ポストモダン（1970）

第2次世界大戦後，近代建築は世界中でつくられるようになり，ここで初めて，欧米先進諸国以外の地域における有効性が問われることとなった。その結果，近代建築はそれがつくられる場所の気候風土や伝統を重視する方向へ進む。

1970年代頃から，合理主義と科学技術に対する全面的な信頼を背景に進められてきた近代建築に，疑問が提示されるようになる。多くの要素を混在させ，人々にさまざまなことを訴えかける建築をよしとする傾向が生じ，次第に支配的となっていった。

ポストモダンは，装飾性・折衷性・過剰性などの回復を目指し，近代建築が否定した過去の建築様式も用いる。1980年代以降は，近代建築の遺産を継承しつつ，地域の文化を世界文明と関係づけて活性化し，建築の設計に取り込もうとする，**批判的地域主義**の動きも現れている。

図3－95　母の家（フィラデルフィア近郊，ベンチューリ，1964）

3．5　日本における近代建築

明治維新前後，先進的な欧米の文物，特に近代工業を積極的に取り入れ始めた日本は，政府主導の下，それまでに培ってきた高い建築技術を背景に，近代建築の受容を始める。まず，横浜・東京・京都・大阪・神戸といった大都市からつくられ始めた近代建築は加速度的に普及し，今日の日本の主要な風景を形成している。

（1）　洋風建築の導入

幕末に建設された外国人居留地の建築，幕府や諸藩の工場建築を通して，日本にも欧米の建築様式が導入され始めた。これらの建設を指導した外国人技術者のほとんどは建築的素養を持たず，構造体や細部を日本の伝統的な技術で補う場合もあった。このような建設事業を通して新しい意匠に接した日本人の大工棟梁又は職人は，見覚えた西洋の意匠と日本の意匠を自由に組み合わせ，個性的な造形を行った。これらの建築を擬洋風建築という。**擬洋風建築**は官庁・銀行・ホテル・小学校といった開化の象徴である公共建築に好んで用いられた。

図3－96　国立第一銀行（東京，清水喜助，1872，現存せず）

明治10（1877）年にはイギリス人ジョサイア・コンドル（1852－1920）が**工部大学校造家学科**（現・東京大学工学部建築学科）教授に就任し，正規の建築教育を受けた外国人建築家による日本人建築家の養成が始まった。明治20年代に入ると，コンドルの教えを受けた辰野金吾（1854－1919），片山東熊（1854－1917）ら日本人建築家が活躍するようになる。彼らは政府から西洋建築，すなわち当時のヨーロッパで主流であった**様式主義建築**の習得を課せられ，多くは留学することで直接ヨーロッパの建築潮流を会得していった。また，彼らの活躍の場の多くが公共建築であり，その活動は国家主導による近代化の一翼を担っていた。

図3－97　日本銀行本店（東京，辰野金吾，1896）

図3－98　赤坂離宮（現・迎賓館）（東京，片山東熊，1909）

（2）　新しい様式の模索

西洋のさまざまな建築潮流は，留学生たちによって日本に持ち帰られ，**鉄筋コンクリート**などの新しい技術もいち早く導入された。

日本における鉄筋コンクリート造の普及は，明治24（1891）年の**濃尾地震**を契機とする。**洋風建築**の基本的構法である**組積造**の弱点が認識され，鉄筋や鉄帯を用いた補強や，鉄筋コンクリートを用いた**耐震構造**の研究が進められた。佐野利器（1880－1956）や内藤多仲（1886－1970）らの耐震構造理論は**関東大震災**{大正12（1923）年}で有効性が実証され，以後の耐震構造学発展の基礎となった。また，復興に際しては**不燃化**を進めるため，鉄筋コンクリート造が奨励された。

一方，当時の帝国大学（現東京大学）では佐野利器を中心として，建築の工学面が強調されていたことに反発し，堀口捨己（1895－1984），山田守（1894－1966）ら帝大卒業生により，大正９（1920）年に**分離派建築会**が結成される。彼らは**大正ロマン主義**の個性尊重思想や西洋の近代建築運動の影響の下に，建築の芸術性の強調，新しい建築様式の創造を説いた。

分離派以後，新建築を求める動きが活発になり，西洋の近代建築や建築思想が積極的に紹介された。昭和に入ると**合理主義**が建築思想の主流となり，特に**ル・コルビュジエ**への傾倒が顕著に見られた。

特に住宅建築において，新しい様式の模索は大きな課題として取り上げられた。明治の近代化，すなわち文化の西洋化に伴い，特に上層階級において西洋風の椅子式生活が求められたため，明治期の上層住宅は公的生活の場としての**独立洋館**と，私生活の場としての**和風住宅**から構成された。大正半ば（1920年代頃）から中流住宅として普及した**中廊下型住宅**は，玄関脇に洋風応接室を持ち，明治上層住宅の構成を縮小して模倣したものである。そこでは両者の様式の不統一を解消し，日本の伝統的造形と近代建築を融合させる試みが行われた。

関東大震災後は，東京の住宅不足解消を目的に，庶民の新しい住宅形態としての鉄筋コンクリート造**多層集合住宅**が**同潤会**（1924～1941）によって提案された。また，「**寝食分離**」「**隔離就寝**」などの新しい住まい方の提案も行われた。

図３－99　平和博覧会第２会場池塔（東京，堀口捨己，1922，現存せず）

図３－100　東京中央郵便局（東京，吉田鉄郎，1933）

(3) 国民様式の追求

明治初期の日本は近代化推進のために，過去の伝統様式と断絶する姿勢をとったが，建築教育に，様式主義建築の基盤として西洋建築史が取り入れられたことから，日本の伝統様式に対する関心が高まる。関野貞（せきのただし）（1868－1935），伊東忠太（1867－1954）らによって日本各地の社寺建築やアジアの建築様式などの調査研究が行われ，**日本建築史**が開拓されていった。

明治末期の20世紀前後，相次ぐ戦争に勝利したことで高まっていた国家意識を背景に，社会全般に**国粋主義**が盛んとなる。建築にもこれまでの西洋模倣ではなく，日本の伝統様式に立脚した独自の様式が強く求められた。さまざまな提案が行われ，鉄筋コンクリートの躯体に日本風の瓦屋根を載せた形式は，当時の日本の植民地であった朝鮮半島や中国大陸にも建設された。

図3－101 帝国議会議事堂（現・国会議事堂）（東京，大熊喜邦（おおくまよしくに）他，1936）

図3－102 東京帝室博物館（現・東京国立博物館本館）（東京，渡辺仁，1937）

(4) 第2次世界大戦後

国土の荒廃と住宅不足の問題を解決するところから戦後の建築界は出発した。1950年に勃発した朝鮮戦争に伴う特需景気，それに続く昭和30年代の高度経済成長につれて，建築界の関心は大規模建築に移っていった。村野藤吾（むらのとうご）（1891－1984），アントニン・レイモンド（1888－1976），坂倉準三（1904－1969），前川國男（1905－1986），丹下健三（1913－2005）らによって，**モダニズム建築**が建造されていくこととなる。そこには日本的要素が咀嚼（そしゃく）されて取り込まれ，それぞれに個性的なデザインが創造された。

他方，住宅問題に取り組む気運も強く見られ，多くの建築家によって現代生活に即した住宅の提案が盛んに行われた。また，1955年に設立された**日本住宅公団**（現・都市再生機構）は，耐震・耐火の鉄筋コンクリート造による多層集合住宅，すなわち団地の建設を推進し，大都市郊外に**ニュー・タウン**を建設した。住宅の大量供給のため**プレハブ住宅**の提案も行われるようになり，企業を中心に建築家も積極的に関わって開発が進められた。さらに1960年頃からは住宅メーカーが次々に商品を開発し，バリエーションを増やしていった。

図3－103　国立屋内総合競技場（東京，丹下健三，1964）

図3－104　鎌倉文華館 鶴岡ミュージアム（旧・神奈川県立近代美術館 鎌倉）（神奈川，坂倉準三，1951）

(5) ポストモダン

1973年の**オイルショック**を契機に経済成長が一時停滞する頃より，これまで推し進められてきた工業化に対する疑問が提示されるようになる。その背景には，公害や環境破壊といった深刻な社会問題の表面化と，資源の有限性を認識したことによる成長神話の崩壊があった。

建築においては**モダニズム建築**偏重の風潮に対する疑問が提示されるようになり，1960年代への反省とともに，新しい建築のあり方の模索が行われるようになった。地域性や風土性，伝統的な町並みの景観，あるいは職人の手仕事の精密さ・美しさに目が向けられるようになっていった。また経済活動の海外進出に伴い，西洋以外の国々，特にアジアが注目され，改めて日本の位置を問い直そうとする動きも見られるようになった。

東西冷戦終結（1989）後の世界秩序の再編，グローバル化，環境問題，公共投資の見直しなど，建築を取り巻く環境が常に大きな変動にさらされている。広い視野と柔軟な発想を持ち，建築と社会の関わりについて常に見直し続けることが求められている。

第３章の学習のまとめ

この章では，社会的な背景に触れながら，建築史について日本建築史，西洋建築史，近代建築史に分けて学んだ。

日本建築史では，先史（縄文・弥生・古墳時代）～近世（16世紀後～17世紀）の建築の特徴，技術，文化について学んだ。

西洋建築史では，古代エジプト，古代オリエント，古代ギリシャ，古代ローマ，ビザンチン建築，イスラム建築，ロマネスク建築，ゴシック建築について特徴を学び，さらにルネサンス建築，バロック建築においては特徴とそれぞれの建築家について学んだ。

近代建築史では，19世紀～20世紀にかけての建築物について，その特徴と時代背景，さらには近代の建築家について学んだ。

【練習問題】

次の問の中で，正しいものには○印を，誤っているものには×印を付けなさい。

(1) 平等院鳳凰堂は，奈良時代に建てられた。

(2) 貴族の住宅形式として寝殿造が完成したのは，平安時代である。

(3) 野屋根が造られ始めるのは，平安時代である。

(4) 鎌倉時代に新しく起こった大仏様，禅宗様の建築様式は，従来の日本の建築に大きな影響を与えなかった。

(5) 近世に完成した木割は，中世に発達した枝割制を基礎とする。

(6) 古代ギリシャ建築のオーダーには，ドリス，イオニア，コリントの３種類がある。

(7) ゴシック建築の特徴は，尖塔アーチ，リブ・ヴォールト，フライング・バットレスを用いることにある。

(8) アーチ構法とヴォールトは，古代ローマで初めて考案された技術である。

(9) 古代ローマ時代に書かれたウィトルウィウスの『建築書』は，ルネサンス時代の建築に大きな影響を与えた。

(10) バロック建築は中世フランスで発達した。

(11) ル・コルビュジエは近代建築の５要点をまとめた。

(12) ウィリアム・モリスは19世紀末のウィーン分離派を主導した。

(13) 1934年に出版された『インターナショナル・スタイル』では，近代建築の特徴は，左右対称性や，物質的な重量感を重視する点にあると定義した。

(14) ジョサイア・コンドルはイギリスより来日し，日本の建築教育に大きな影響を与えた。

(15) 日本における耐震構造の発達は，大正12年の関東大震災を契機とする。

【練習問題の解答】

第 1 章

（1） × 用途地域を定めることにより，敷地内の建物の使用目的について制限している。
（2） × 高温多湿（蒸暑）である。
（3） ○
（4） × 大きく影響する。
（5） × 直接照明である。
（6） ○
（7） × 遮音材料を使う。
（8） ○
（9） × 重力換気の方法である。
（10） ○
（11） ○
（12） × 性別・年齢別や障害などに応じた動作寸法を考慮し，ゆとりを持った寸法設定が大切である。

第 2 章

（1） ○
（2） × 快適であるための給排水，冷暖房・空気調和・換気，電気といった設備計画は構造体に同時に組み入れられることが多く，平面計画と関連も非常に高いので平面計画と平行して行う。
（3） × 教科教室型は，全教科の学習をそれぞれ専門の教室で行う方法である。生徒は時間割に従って教室を移動する必要があり，中学校，高等学校に適している。
（4） ○
（5） × 築物は建築物自体の重量（固定荷重）と積載物の重量（積載荷重）を支持して，地震力・風荷重などの外力にも安全に耐えることがその役割である。
（6） ○
（7） ○
（8） × 鉄筋コンクリート構造は，現場施工の部分が多いので，工期が長びく。
（9） × 補強コンクリートブロック構造は，構造体の自重が大きいので，高層や大きな内部空間を持つ建築物には不向きである。

第 3 章

（1） × 平安時代である。
（2） ○
（3） ○

（4） × 従来の建築の弱点を解決し，日本独得の意匠を完成させた。

（5） ○

（6） ○

（7） ○

（8） × 古代オリエントで考案された技術である。

（9） ○

（10） × イタリアで発達した。

（11） ○

（12） × アーツ・アンド・クラフツを主導した。

（13） × インターナショナル・スタイルの特徴は，非物質的なボリューム（空間）として捉え，左右対称よりも均斉・規則性を重んじ，負荷装飾を排除することである。

（14） ○

（15） × 明治24年の濃尾地震が契機である。

索　　引

ら

わ

図，表出典リスト

第1章

表1－3　JIS Z 9110:2010より「照明基準総則」作成
表1－4　理科年表2022　国立天文台　丸善
表1－5　建築資料集成1　日本建築学会　丸善
表1－7　建築資料集成1　日本建築学会　丸善
図1－3　絵とき建築環境工学　今井与蔵編　オーム社　一部変更
図1－6　建築設計資料集成1　日本建築学会　丸善　一部変更
図1－7　建築設計資料集成1　日本建築学会　丸善
図1－14　理科年表2022　国立天文台　丸善
図1－15　JIS A 1419-1:2000「建築物及び建築部材の遮音性能の評価方法－第1部：空気音遮断性能」
図1－16　JIS A 1419-2:2000「建築物及び建築部材の遮音性能の評価方法－第2部：床衝撃音遮断性能」
図1－12　建築資料集成1　日本建築学会　丸善
図1－13　建築資料集成1　日本建築学会　丸善
図1－25　インテリアの計画と設計　小原編他　彰国社
図1－26　インテリアの計画と設計　小原編他　彰国社
図1－27　建築資料集成3　日本建築学会　丸善
図1－28　建築資料集成3　日本建築学会　丸善
図1－29　住宅を計画する　住環境計画編集委員会編　彰国社
図1－30　建築資料集成1　日本建築学会　丸善　一部変更
図1－33　提供：防災システム研究所，撮影：山村武彦

第2章

表2－2　建築資料集成6　日本建築学会　丸善
表2－3　建築資料集成6　日本建築学会　丸善
表2－4　学校基本調査　文部科学省　より作成
図2－1　住宅・土地統計調査　総務省　より作成
図2－2　住宅・土地統計調査　総務省　より作成
図2－3　建築資料集成6　日本建築学会　丸善
図2－8　建築資料集成6　日本建築学会　丸善
図2－9　建築資料集成6　日本建築学会　丸善
図2－10　建築資料集成6　日本建築学会　丸善
図2－12　建築資料集成6　日本建築学会　丸善
図2－13　建築資料集成8　日本建築学会　丸善
図2－14　建築資料集成8　日本建築学会　丸善
図2－15　建築資料集成8　日本建築学会　丸善
図2－17　建築着工統計　国土交通省　より作成
図2－19　PIXTA提供
図2－24　ミサワホーム株式会社提供
図2－29　PIXTA提供
図2－31　PIXTA提供
図2－34　PIXTA提供

図２－36　PIXTA提供
図２－39　構造用教材　日本建築学会　丸善
図２－40　構造用教材　日本建築学会　丸善

第３章

図３－１　青森県教育庁文化財保護課所蔵
図３－２　佐賀県教育委員会提供
図３－３　高崎市教育委員会・かみつけの里博物館所蔵・提供
図３－４左上　奈良六大寺大観　補訂版　第１巻　奈良六大寺大観刊行会　岩波書店
　　　右上　PIXTA提供
　　　下　日本建築みどころ事典　東京堂出版
図３－５　日本建築史基礎資料集成４　仏道Ⅰ　中央公論美術出版
図３－７　奈良文化財研究所提供
図３－８　日本建築史図集　日本建築学会　彰国社
図３－９　日本建築史図集　日本建築学会　彰国社
図３－10　出雲大社の本殿　出雲大社社務所
図３－11　日本建築史図集　日本建築学会　彰国社
図３－12　PIXTA提供
図３－13　奈良文化財研究所提供
図３－14　奈良時代建築の研究　浅野清　中央公論美術出版
図３－15　日本建築史図集　日本建築学会　彰国社
図３－16　平等院提供
図３－17　日本の美術９　平等院と中尊寺　福山敏男　平凡社
図３－18　日本建築史図集　日本建築学会　彰国社
図３－19　宮内庁京都事務所提供
図３－20　日本建築史図集　日本建築学会　彰国社
図３－21　南都七大寺の研究　大岡實　中央公論美術出版
図３－22　国宝浄土寺浄土堂修理工事報告書　国宝浄土堂修理委員会
図３－23　国宝円覚寺修理工事報告書　神奈川県教育委員会
図３－24　日本建築史図集　日本建築学会　彰国社
図３－25左下以外　日本建築史図集　日本建築学会　彰国社
　　　左下　国宝当麻寺修理工事報告書　奈良県教育委員会
図３－26　日本建築史図集　日本建築学会　彰国社
図３－27　日本建築史図集　日本建築学会　彰国社
図３－29　日本建築史図集　日本建築学会　彰国社
図３－30上　姫路市提供
　　　下　日本建築史図集　日本建築学会彰国社
図３－31　城下町の記憶　西川幸治著　城下町彦根を考える会　サンライズ出版
図３－32　日本建築の特質　太田博太郎博士還暦記念論文集刊行会　中央公論美術出版
図３－33　元離宮二条城事務所提供
図３－34左　日本建築史図集　日本建築学会　撮影：村沢文雄　彰国社
　　　右　日本建築史図集　日本建築学会　彰国社

図３－35　宮内庁京都事務所提供
図３－36　日本建築史図集　日本建築学会　彰国社
図３－37上　日本建築様式史　美術出版社
左下　川崎市立日本民家園提供
右下　日本建築史図集　日本建築学会　彰国社
図３－38　東京大学大学院工学系研究科建築学専攻所蔵
図３－39　『匠明』五巻考（一部加筆）　伊藤　要太郎　鹿島出版会
図３－41　西洋建築史図集　日本建築学会　彰国社
図３－44　西洋建築史図集　日本建築学会　彰国社
図３－45　西洋建築史図集　日本建築学会　彰国社
図３－49　Banister F.Fletcher,“A History of Architecture on the Comparative Method” 5th edition,1905,B.T.Batsford,London,Charles Scribner’s New York
図３－50　西洋建築史図集　日本建築学会彰国社
図３－56右　西洋建築史図集（改訂新版）　日本建築学会　彰国社
図３－58右下　西洋建築史図集　日本建築学会　彰国社
図３－59　西洋建築史図集　日本建築学会　彰国社
図３－67　西洋建築史図集　日本建築学会　彰国社
図３－68　Banister F.Fletcher,“A History of Architecture on the Comparative Method” 5th edition,1905,B.T.Batsford,London,Charles Scribner’s New York
図３－74　近代建築史図集　日本建築学会　彰国社
図３－75　増補新装カラー版　西洋建築様式史　美術出版社
図３－76　近代建築史図集　日本建築学会　彰国社
図３－78　近代建築史図集　日本建築学会　彰国社
図３－79　増補新装カラー版　西洋建築様式史　美術出版社
図３－81　増補新装カラー版　西洋建築様式史　美術出版社
図３－84　近代建築史図集　日本建築学会　彰国社
図３－86　近代建築史図集　日本建築学会　彰国社
図３－87　近代建築史図集　日本建築学会　彰国社
図３－88　近代建築史図集　日本建築学会　彰国社
図３－89　近代建築史図集　日本建築学会　彰国社
図３－91　撮影：伊藤清忠
図３－93　近代建築史図集　日本建築学会　彰国社
図３－94　近代建築史図集　日本建築学会　彰国社
図３－96　清水建設提供
図３－97　日本銀行金融研究所アーカイブ保管資料
図３－98　迎賓館提供
図３－99　日本建築学会図書館蔵
図３－100　近代建築史図集　日本建築学会　彰国社
図３－102　近代建築史図集　日本建築学会　彰国社
図３－104　鎌倉文華館 鶴岡ミュージアム提供

建築史年表

西洋建築史		日本建築史		世界史		日本史	
				B.C.8000頃	メソポタミアで農耕はじまる		
						B.C.7000頃〜	縄文時代
B.C.2640頃	サッカラの階段ピラミッド（エジプト）						
B.C.2570〜2450	ギザの三大ピラミッド（エジプト）						
						592〜	飛鳥時代
						600	第1回遣隋使
				618	唐おこる		
				7c半頃	新羅、朝鮮半島をほぼ統一		
		7c後	法隆寺金堂・五重塔			672	壬申の乱
707〜15	ダマスカスの大モスク（ウマイヤ朝）					694	藤原京遷都
						710	平城京遷都
		752	東大寺創建				
		8c半	薬師寺東塔				
		8c後半	唐招提寺金堂				
792〜805	アーヘン宮廷礼拝堂（フランク王国）					794	平安京遷都
						894	遣唐使廃止
				907	唐滅ぶ		
						960	平安京内裏焼亡（第1回）
			神社建築形式の成立				
		1043〜1166	東三条殿				
		1053	平等院鳳凰堂	1054	東西教会の分裂		
			野屋根の発生	1055	セルジューク軍、バグダッド入城		
				1066	ノルマン・コンクエスト		
11〜12c	ラ・トリニテ（カーン、フランス）			1096〜99	第一回十字軍		
1089〜1108	クリュニー修道院第三教会堂（フランス）						
1136頃〜44	サン・ドニ大聖堂増改築(フランス)						

		1709	東大寺大仏殿江戸期再建				
				1757	プラッシーの戦い		
				1776	アメリカ独立宣言		
				1789	フランス大革命		
1792	パンテオン（パリ、フランス）						
1818～21	ベルリン王立劇場（シンケルによる、ドイツ）						
				1814	ウィーン会議		
1840	イギリス国会議事堂起工（ロンドン、イギリス）			1840～42	阿片戦争		
1851	クリスタル・パレス（ロンドン、イギリス）			1851	ロンドン万国博覧会	1867	大政奉還、王政復古の大号令
		1871	工部省工学寮設置			1877	西南戦争
19c後	パリ大改造（フランス）	1872	国立第一銀行			1889	大日本帝国憲法発布
				1889	パリ万国博覧会	1891	濃美地震
						1894～95	日清戦争
1889	エッフェル塔（パリ、フランス）						
		1896	日本銀行本店				
			コンクリート普及			1904～05	日露戦争
						1910	韓国併合
		1909	赤坂離宮				
				1914～18	第一次世界大戦		
				1917	ロシア革命	1923	関東大震災
1932	『インターナショナル・スタイル』出版			1929～33	世界恐慌	1937～45	日中戦争
		1936	帝国議会議事堂				
		1937	東京帝室博物館				
				1939～45	第二次世界大戦	1941～45	太平洋戦争

委員一覧

厚生労働省認定教材	
認定番号	第 59111 号
認定年月日	昭和62年３月26日
改定承認年月日	令和５年１月25日
訓練の種類	普通職業訓練
訓練課程名	普通課程

建築概論　ⓒ

昭和63年３月１日　初版発行
平成９年２月10日　改訂版発行
平成13年２月15日　改補版発行
平成24年３月25日　三訂版発行
令和５年３月10日　四訂版発行

編集者　独立行政法人　高齢・障害・求職者雇用支援機構
　　　　職業能力開発総合大学校　基盤整備センター

発行者　一般財団法人 職業訓練教材研究会

〒162-0052
東京都新宿区戸山１丁目15－10
電　話　03（3203）6235
FAX　03（3204）4724

ISBN978-4-7863-1168-0